胜在三十六计
赢在孙子兵法

先 编著

中国商业出版社

图书在版编目（CIP）数据

胜在三十六计 赢在孙子兵法 / 觉先编著. —北京：中国商业出版社，2020.3
ISBN 978-7-5208-0975-7

Ⅰ.①胜… Ⅱ.①觉… Ⅲ.①兵法—中国—古代 Ⅳ.①E892.2

中国版本图书馆CIP数据核字（2019）第249117号

责任编辑：袁娜

中国商业出版社出版发行
010-63180647　www.c-cbook.com
（100053　北京广安门内报国寺1号）
新华书店经销
三河市华润印刷有限公司印刷
*
710毫米×1000毫米　16开　14印张　168千字
2020年3月第1版　2020年3月第1次印刷
定价：42.00元
* * * *
（如有印装质量问题可更换）

序言

我国古代兵书丛集，蔚为大观。《三十六计》与《孙子兵法》是中国古代军事理论的核心与精华，均包含着丰富的战略思想和哲学思想，集历代兵家"韬略""计谋"之大成，素来被人们所看重，古人曾有"用兵如孙子，策谋三十六"之说。

《三十六计》是根据中国古代卓越的军事思想和丰富的斗争经验总结而成的兵书，是中国古代兵家计谋的总结和军事谋略学的宝贵遗产。它共分为六套，即胜战计、敌战计、攻战计、混战计、并战计、败战计。前三套是处于优势所用之计，后三套是处于劣势所用之计。每套各包含六计，总共三十六计。其中，每计名称后的解说，均系依据《易经》中的阴阳变化之理及古代兵家刚柔、奇正、攻防、彼己、虚实、主客等对立关系相互转化的思想推演而成，含有朴素的军事辩证法的因素。虽然是一部军事著作，但它绝不仅仅具有军事上的意义和价值，其中的谋略智慧，已经超出军事本身，不只局限在战争中使用，还广泛应用于社会、商战、人生等各个层面。

孙武（约前545—前470年），字长卿，齐国乐安人，春秋时期著名的军事家、政治家，尊称兵圣。后人尊称其为孙子、孙武子、百世兵家之师、东方兵学的鼻祖。兵法是谋略，谋略不是小花招，而是大战略、大智慧。《孙子兵法》是我国古代兵学的杰出代表，是中国传统文化的重要组成部分。自《孙子兵法》诞生以后，兵学立刻成了一门"显学"，与儒、道、法、墨诸家并驾齐驱。战国时期，群雄割据，战争频仍，谈兵论战的人形成一股潮流，大都是从《孙子兵法》中寻找理论依据。由此可见，《孙子兵法》成书不久就已经广为人知。而且值得注意的是，对《孙子兵法》的原理的运用，在当时已经超出军事范围，广泛应用于政治、经济和医学等方面了。其作为我国古代兵书的集大成之作，是对我国古代军事智慧的高度总结，具有承先启后的重大意义。此后两千多年里，凡兵学家研究军事问题，军事家指挥军队作战，莫不以此书为鼻祖。《孙子兵法》以其深邃无际的军事哲理思想，博大思精的古典军事理论体系，辞如珠玉的文学语言，以及历代雄杰贤俊对其研究的丰硕成果，对后世产生了极其深远的影响，长期被尊为"兵学圣典""百世兵家之师"。其流泽余韵也早已跨越时空，超出国界，在全世界广为流传，荣膺"世界古代第一兵书"的雅誉。《孙子兵法》遗存十三篇，6111字，本书在十三篇原文的基础上，逐字逐句进行解释，并细化成二十七章，通过几十个经典案例，将《孙子兵法》解读的详细透彻，豁然开朗。

用兵如孙子，策谋三十六。《三十六计》与《孙子兵法》并称为世界军事史上的双璧。本书将《三十六计》与《孙子兵法》合二为一，并对原文进行注释和阐述，取名为《胜在三十六　赢在孙子兵法》。同时，还将古今中外战场、商海等领域的案例进行举一反三、触类旁通、活学活用，再现了《孙子兵法》与《三十六计》在现实中的应用，内容生动活泼、通俗易懂，相信会对读者产生一定的启迪作用。

目录

上篇　胜在三十六计

第一计　瞒天过海 / 002
第二计　围魏救赵 / 004
第三计　借刀杀人 / 006
第四计　以逸待劳 / 009
第五计　趁火打劫 / 012
第六计　声东击西 / 014
第七计　无中生有 / 016
第八计　暗度陈仓 / 018
第九计　隔岸观火 / 020
第十计　笑里藏刀 / 023
第十一计　李代桃僵 / 026
第十二计　顺手牵羊 / 028
第十三计　打草惊蛇 / 031
第十四计　借尸还魂 / 034
第十五计　调虎离山 / 036
第十六计　欲擒故纵 / 039

第十七计　抛砖引玉 / 042

第十八计　擒贼擒王 / 044

第十九计　釜底抽薪 / 046

第二十计　浑水摸鱼 / 048

第二十一计　金蝉脱壳 / 051

第二十二计　关门捉贼 / 053

第二十三计　远交近攻 / 055

第二十四计　假道伐虢 / 057

第二十五计　偷梁换柱 / 060

第二十六计　指桑骂槐 / 062

第二十七计　假痴不癫 / 064

第二十八计　上屋抽梯 / 067

第二十九计　树上开花 / 069

第三十计　反客为主 / 072

第三十一计　美人计 / 074

第三十二计　空城计 / 076

第三十三计　反间计 / 078

第三十四计　苦肉计 / 080

第三十五计　连环计 / 082

第三十六计　走为上 / 084

下篇　赢在孙子兵法

第一章　作战察兵，国之大事 / 088

第二章　制胜之法 / 091

第三章　攻其不备，出其不意 / 094

第四章　兵贵神速，速战速决 / 097

第五章　智将务食于敌 / 100

第六章　伐谋伐交 / 103

第七章　不战而屈人之兵 / 108

第八章　不胜则守，可胜则战 / 110

第九章　优兵制胜 / 114

第十章　兵出奇正，虚实莫辨 / 119

第十一章　因势利导，出奇制胜 / 123

第十二章　避实击虚，引蛇出洞 / 125

第十三章　兵无常势，水无常形 / 132

第十四章　以迂为道，后发先至 / 135

第十五章　疲敌制胜，击敌之惰 / 140

第十六章　用兵之戒 / 144

第十七章　智者之虑，杂于利害 / 147

第十八章　将在外，君命有所不受 / 150

第十九章　处军的地形原则 / 157

第二十章　相敌之法 / 161

第二十一章　明察六地之道 / 167

第二十二章　料敌制胜，计险隘远近 / 171

第二十三章　九地之变 / 176

第二十四章　深入敌后，合围夹击 / 183

第二十五章　烧敌粮草，釜底抽薪 / 186

第二十六章　利用物候，火烧连营 / 197

第二十七章　巧借金刀，用间除之 / 204

上篇
胜在三十六计

《三十六计》是一部兵法和智谋的奇书，是中国兵家智慧的结晶，集合了中国古代的重要军事思想和丰富战争经验。分胜战计、敌战计、攻战计、混战计、并战计、败战计六套，共三十六个计策，向人们系统介绍了战争中的谋略，以及在各种处境下克敌制胜的智慧，早已超出了军事斗争的范畴。其中所蕴含的哲理对我们今天的生活仍然具有指导和借鉴意义。

第一计　瞒天过海

备周则意怠；常见则不疑。阴在阳之内，不在阳之对。太阳，太阴。

【释义】

防备得细致周全，就会容易思想麻痹和意志松懈；司空见惯的事情常常不会去怀疑。密谋常潜藏在公开的事务里，并非存在于公开暴露的事务之外。公开的行动当中往往隐藏着最秘密的阴谋。

瞒天过海是指用伪装的手段迷惑、欺骗敌对一方，使敌对一方放松警惕，然后突然发动进攻，从而达到出其不意而制胜的目的。由于人们对某些事情的习以为常而不疑，从而产生了疏漏和松懈，故能乘虚而入，掩盖实际行动，把握时机，出奇制胜。

大唐贞观年间，高丽起兵叛乱，为了平定高丽，唐太宗李世民御驾亲征，率领数十万大军东征高丽。当浩浩荡荡的大军来到东海之滨。李世民看到大海茫茫，浊浪滔滔，心想，士兵不习水战，渡海是一个大问题，于是向众将领询问渡海之策，将领没有一个人回应。这时一个老翁请求见驾，他说自己有渡海妙计，同时愿意为大军提供粮草和物资。李世民接见老翁之后，听他报告情况，听后非常高兴，便率大军随老翁来到海边，老翁宴请李世民及众将士。李世民发现所有百姓家皆用一道彩幕遮住，十分严密。老翁引李世民进入室内。里边更是绣幔彩锦，红毯铺地。桌上早已摆满了美酒佳肴。李世民使百官进酒，开怀痛饮，同时歌舞奏起，把渡海之事忘得一干二净。忽然，风声四起，波涛如雷，李世民大惊失色，忙令将士揭开彩幕察看，只见大海茫茫，一望无际，哪里还是在老翁家宴饮做客，大军已航行在大海之上了，船借风势，已经快到对岸了！原来这老翁是薛仁贵派来的，此举正是薛仁贵一手策划的。薛仁贵是唐朝名将，绛州（今山西河津市）人，著名军事家，官至左威卫大将军、安东都护。因终生喜穿白袍，故有"白袍将军"之称。他为了保卫大唐社稷，戎马一生，立下了赫赫功勋。

"瞒天过海"用在军事上，实属一种示假隐真的疑兵之计，用来作战伪装，制造一系列的假象，用以迷惑对方，使其失去戒备之心，从而达到自己的目的。

第二计　围魏救赵

共敌不如分敌，敌阳不如敌阴。

【释义】

进攻集中的敌人，不如设法分散减弱它而后再攻击，攻击敌人正面不如打击敌人的后面或者侧面。

围魏救赵是指当敌人实力强大时，要避免和强敌正面决战，应该采取迂回战术，迫使敌人分散兵力，然后抓住敌人的薄弱环节发动攻击，置敌于死地。

春秋战国时期，诸侯争霸，七雄混战。赵国进攻卫国，迫使卫国臣服于它。卫国原来是与魏国交好，现在改向亲附赵国。魏惠王决定派庞涓进攻赵国。庞涓率领大军，很快便攻打到了赵国的国都邯郸。赵国危在旦夕，赵军一面竭力固守，一面派人火速向齐国求救，当时赵国与齐国结盟。齐威王任命田忌为主将，以孙膑为军师，率军救赵。孙膑派齐城、高唐佯攻魏国的军事要地襄陵（今属山西襄汾），以麻痹魏军。而主力却直插魏国国都大梁（在今河南开封）。庞涓得知魏国国都被围，只得火速返回救援。孙膑用退兵减灶的计谋，在道路狭窄、地势险要的马陵道设埋伏，一举歼灭魏军追兵。魏将庞涓知败局已定，愧愤自杀。赵国之围遂解。孙膑用围攻魏国的办法来解救赵国的危困，成为我国历史上著名的经典战例。

围魏救赵的实施，首先军事决策者要有过人的眼光、超群的才智和广博的知识，善于观察周围环境的变化，抓住对手的弱点。同时要耐得住性子，后发制人。最后施计者要有更长远的规划，通过调动敌人，最终打击敌人，这需要远见和智慧。

围魏救赵如果用于商业中，企业经营者要善于观察周围的环境变化，发现和寻找机遇。在市场博弈的过程中，企业决策者要有敢冒风险的胆魄，同时充分利用信息资源，将各方面情报综合分析，将竞争对手的情况做全面的估计，在通观全局的视野中发现对手更重要的需求与问题，以达到趋利避害，赢得最终胜利的目的。

第三计　借刀杀人

敌已明，友未定，引友杀敌，不自出力，以《损》推演。

【释义】

敌人的情况已经非常清晰明了，盟友的态度尚未确定。要诱使盟友的力量去消灭敌人，可以使自己不需要付出什么力量。这是从易经《损》卦推演出来的计谋。

借刀杀人是指在对付敌人的时候，自己不动手，而利用盟友的力量去攻击敌人，用以保存自己的实力，或者巧妙地利用对方的内部矛盾，使其自相残杀，以达到置敌于死地的目的。敌象已露，而另一势力更张，要有所为，便应借此力以毁敌人。

春秋战国时期，齐国出现三位非常有名的勇士：公孙接、田开疆和古冶子。他们个个武艺高强，孔武有力，他们意气相投，结为异姓兄弟，彼此互壮声势。由于他们自恃武艺高强，劳苦功高，于是变得骄纵蛮横。而此时齐国田氏一族联合国内贵族打败了掌握实权的栾氏和高氏，势力变得越来越大，已经威胁到了国君的统治。

而田开疆就是属于田氏一族，晏婴担心他们会危害国家，决定用计智杀这三位勇士。

在一次宴会上，齐王拿出桃园中所结出的两个桃子来犒赏大臣，晏婴请示齐王传令群臣，让功劳最大的来吃桃子。齐王欣然应允。此时公孙接率先走了过来，拍着胸膛说："有一次我陪大王打猎，突然从林中蹿出一只猛虎，是我冲上去，用尽平生之力将虎打死，救了国君。如此大功，还不应该吃个桃子吗？"晏婴说："冒死救主，功比泰山，可赐酒一杯，桃一个。"公孙接饮酒食桃，站在一旁，十分得意。

古冶子见状，就非常生气，说道："打死一只老虎有什么稀奇！当年我送国君过黄河时，一只大乌龟兴风作浪，咬住了国君的马腿，一下子把马拖到急流中去了。是我跳进汹涌的河中，舍命杀死了大乌龟，保住了国君的性命。像这样的功劳，该不该吃个桃子？"齐景公说："当时黄河波涛汹涌，要不是将军斩龟除怪，我的命早就没了。这是盖世奇功，理应吃桃。"晏婴忙把剩下的一个桃子送给了古冶子。

田开疆眼看桃子分完，非常生气地说道："当年我奉命讨伐徐国，舍生入死，斩其名将，俘虏徐兵五千余人，吓得徐国国君俯首称臣，就连邻近的莒国也望风归附。如此大功，难道就不能吃个桃子吗？"

晏婴忙说："田将军的功劳当然高出公孙接和古冶子二位，然而桃子已经没有了，只好等树上的桃子熟了，再请您尝了。先喝酒吧。"

田开疆手按剑柄，生气地说："打虎、杀龟有什么了不起。我南征北战，出生入死，反而吃不到桃子，在两位国君面前受到这样的羞辱，我还有什么面目站在朝廷之上呢？"说罢，竟挥剑自杀了。公孙接大惊，也拔出剑来，说道："我因小功而吃桃，田将军功大倒吃不到。我还有什么脸面活在世上？"说罢也挥剑自杀了。古冶子面对两具尸体，良心受到深深的谴责。他自言自语道："我们兄弟三人情同手足，而如今他俩已死，只有我一个还活着，这是不仁；用言语羞辱他人，而吹嘘自己，这是不义；对自己的行为感到厌恶而不去死，这是不勇。假如我们两个把一个桃子分成两半,我们就都可以得到与自己本领相称的一部分,而他也就可以得到他应该得到的一个桃子了。"说完,他也拔剑自杀了。晏婴利用他们居功自傲的心理,知道他们必然不会依长幼之礼,而是以功而食桃。而且晏婴也猜到三士分二桃,其结果无非是刀兵相见夺桃或者是受辱而主动交桃,而勇士是不会甘愿受辱的,必会以死来明志,所以无论是哪种结果,他们三人都是一定要死的。晏婴不费吹灰之力,利用两个桃子就将三个隐患除去了。

第四计　以逸待劳

困敌之势，不以战；损刚益柔。

【释义】

要使敌人处于困难的境地，不是直接用兵打击，而是采用令敌人由强变弱的策略。

以逸待劳是取胜的良方，是作战时不首先出击，养精蓄锐，以对付远道而来的疲劳的敌人。以逸待劳的关键并不是待在原地不动，守株待兔式地等待敌人的到来，而是以简洁的思路应对复杂的局面，以不变应万变。

在人际交往中，甘愿妥协退步，不是目的，而是以退步赢得时机，想出奇招，使自己获益。因为必要的退步是为了换来更大的利益，万不可在经营不力的情况下，盲目行事与对手硬拼，一定要停下来寻找机会，韬光养晦，等待时机，拔剑再起，反败为胜。

春秋战国时期，赵国名将李牧，活跃于赵国北部，驻扎在雁门等地备战匈奴。这里是汉人与匈奴长期交战的主战场。

李牧将当地的租税不入赵国中央财政，而是直接纳入他的将军府，用来犒赏士兵，每天杀牛宰羊来改善士兵伙食，以得士卒忠心效力。此外，李牧平日严格训练士兵骑射，边防警戒的烽火台也从不懈怠，并且在匈奴阵营中培植大量间谍，刺探情报。

虽然士气高涨，战备严整，然而李牧却养而不用，严令将领不得出战。军中传令曰："若匈奴入侵，全体官军必须回撤防守，不得贪功而主动出击杀敌。"于是在战场上，每次匈奴策马入侵，赵国士兵虽然士气恢宏，但是却集体防守而无一人出击杀敌，虽然无人立功，但是防守严密。几年过去，双方攻守姿态一直不变。匈奴嘲笑李牧，以为其胆小。不但匈奴嘲笑李牧，赵国的士兵也觉得李牧胆小。

赵王得知后大怒，认为有损赵国形象，罢免李牧，走马换将。新来的将领立刻改变策略，赵军不再防守，一年之间频繁出击，战果却不尽如人意，常以失败告终，损失惨重。赵王后悔不已，又请李牧官复原职，李牧装病不出。赵王坚持，一定要让李牧上前线。李牧说："如果要我守护边关，我还是会和以前一样。大王同意了，我才去。"于是赵王同意。李牧又回到前线，继续防守不出，匈奴继续数年无所收获，继续嘲笑李牧胆小，骄敌之情也渐长。此时，赵国边境的士兵每天被李牧滋养犒赏，士气高昂，人人求一战而报李牧。终于，李牧见时机已到，于是整顿军队，选拔出战车千乘，骑兵万匹，精兵五万，弓箭手十万人，日夜备战。李牧将大批的畜牧和人民散放在草原上。匈奴小股部队前来抢夺，李牧假装战败不敌而撤退。匈奴单于以为李牧会继续防守而不敢出击，便率大军而来夺取战利品。单于大军深入，这就是李牧数十年来一直想要的结果！李牧和匈奴作战，最困惑的就是找不到匈奴的主力，无法与之决战。匈奴游牧，居无定所。如果主动出击，往往在找到匈奴主力之前就弹尽粮绝。所以攻打匈奴的最佳策略，就是诱敌深入而一举歼灭。李牧设伏，大破匈奴，单于逃走，十余年不敢靠近赵国边境。

让敌方处于困难局面，不一定只用进攻之法，关键在于掌握主动权，伺机而动，以不变应万变，以静制动，积极调动敌人，创造战机，不让敌人调动自己，而要努力牵着敌人的鼻子走。所以，不可把以逸待劳的"待"字理解为消极被动地等待。

以逸待劳首先要善于选择战争的时机和地点，要在敌人最疲惫之际，在最有利于歼灭敌人的地形条件下，一举发动进攻。其次要有耐心，不到时机和条件成熟绝不动手，绝不能被敌人的挑战所激怒。以逸待劳的战术对身为东道主的一方尤为有利，因为在自己的地盘上作战，所以不存在给养方面的问题，只要耐心地拖延下去，就能获得绝佳的战略机会。

第五计　趁火打劫

敌之害大，就势取利，刚决柔也。

【释义】

当敌人陷入严重的危难之时，就乘局面混乱之机而获得利益，一定要利用对方混乱的时候进攻。这是从易经夬卦"刚决柔也"一语悟出的道理。

春秋时期，吴国和越国争霸，战事频繁。经过长期战争，越国终因不敌吴国，只得俯首称臣。越王勾践被扣在吴国，失去行动自由。勾践立志复国，十年生聚，十年教训，卧薪尝胆。表面上对吴王夫差百般逢迎，终于骗得夫差的信任，被放回越国。归国之后，勾践依然臣服吴国，年年进献财宝，以麻痹夫差。而在国内则采取了一系列富国强兵的措施。几年后，越国实力大大加强，人丁兴旺，物资丰足，人心稳定。吴王夫差却被胜利冲昏了头脑，被勾践的假象迷惑，不把越国放在眼里。他骄纵凶残，拒绝纳谏，杀了一代名将忠臣伍子胥，重用奸臣，堵塞言路，生活淫靡奢侈，大兴土木，搞得民穷财尽。公元前484年，吴国颗粒无收，民怨沸腾。越王勾践选中吴王夫差北上和中原诸侯在黄池会盟的时机，大举进兵吴国。吴国国内空虚，无力还击，很快就被越国击破。勾践的胜利，正是乘敌之危，就势取胜的典型战例。

当敌方遇到麻烦或危难的时候，就要乘此机会进兵出击，制伏对手。敌方的困难主要有内忧与外患。天灾人祸，经济凋敝，民不聊生，怨声载道，内战连年，都是内患；外敌入侵，战事不断，都是外患。敌方有内忧，就占他的领土；敌方有外患，就争夺他的百姓；敌方内忧外患岌岌可危，可以去兼并他。总之，抓住敌方大难临头的危急之时，赶快进兵，肯定稳操胜券。

第六计　声东击西

敌志乱萃，不虞，坤下兑上之象，利其不自主而取之。

【释义】

敌人因为混乱造成了内部散乱、危机四伏的处境，我方则应抓住敌方不能自控的混乱之势，机动灵活地运用时东时西，似打似离，不攻而示之以攻，欲攻而又示之以不攻等战术，造成敌人的错觉，出其不意地一举获胜。

声东击西是指表面上声言要攻打东面，实则是攻打西面，在军事上使敌人产生错觉的一种战术。这是忽东忽西，即打即离，制造假象，引诱敌人做出错误判断，然后乘机歼敌的策略。为使敌方的指挥发生混乱，必须采用灵活机动的行动，本不打算进攻甲地，却佯装进攻；本来决定进攻乙地，却不显露出任何进攻的迹象。似可为而不为，似不可为而为之，敌方就无法推知己方意图，从而被假象迷惑，做出错误判断。声东击西之计，早已被历代军事家熟知，所以使用时必须充分估计敌方情况。方法虽是一个，但可变化无穷。

东汉时期，班超出使西域，目的是团结西域诸国共同抗击匈奴。为了使西域诸国共同对抗匈奴，必须先打通南北通道。地处大漠西缘的莎车国，煽动周边小国归附匈奴，反对汉朝。班超决定首先平定莎车国。莎车国王向龟兹求援，龟兹王亲率五万人马，援救莎车。班超联合于阗等国，兵力只有两万多人。敌众我寡，难以力克，必须智取。班超遂定下声东击西之计，迷惑敌人。他故意派人在军中散布对自己的不满言论，制造打不赢龟兹，有撤退的迹象，并且特别让莎车俘虏听得一清二楚。这天黄昏，班超命于阗大军向东撤退，自己率部向西撤退，表面上显得慌乱，实则故意放俘虏趁机脱逃。俘虏逃回莎车营中，急忙报告汉军慌忙撤退的消息。龟兹王大喜，误认为班超惧怕自己而慌忙逃窜，想趁此机会，追杀班超。他立刻下令兵分两路，追击逃敌。他亲自率一万精兵向西追杀班超。班超胸有成竹，趁夜幕笼罩大漠，撤退仅十里地，部队即就地隐蔽。龟兹王求胜心切，率领追兵从班超隐蔽处飞驰而过，班超立即集合部队，与事先约定的东路于阗人马，迅速回师杀向莎车。班超的部队如从天而降，莎车军猝不及防，迅速瓦解。莎车王惊魂未定，逃走不及，只得请降。龟兹王气势汹汹，追赶了一夜，未见班超部队踪影，又听得莎车已被平定，人马伤亡惨重的报告，大势已去，只有收拾残部，悻悻然返回龟兹。

第七计　无中生有

诳也，非诳也，实其所诳也。少阴，太阴，太阳。

【释义】

诳是欺骗，迷惑对方。虚假之事，又非虚假之事。运用假象欺骗敌人，但并非一假到底，而是让对方把受骗的假象当成真相。少阴是指稍微隐蔽的军事行动，太阴是指大的秘密军事行动，太阳则是指大的、公开的军事行动。在稍微隐蔽的行动中隐藏着大的秘密行动。大的秘密行动，也许正是在非常公开的、大的行动掩护下进行。

无中生有中的"无"，指的是"假"，是"虚"；"有"，指的是"真"，是"实"。无中生有，就是真真假假，虚虚实实，真中有假，假中有真。虚实互变，扰乱敌人，使敌方造成判断失误，行动失误。

战国时期，七雄并立。当时，齐楚结盟，秦国的相国张仪是著名纵横家，他向秦王建议离间齐楚，再分而破之。秦王采纳了他的计策，遂派张仪出使楚国。

张仪带着厚礼拜访楚怀王，承诺秦国愿意把六百里土地送与楚国，只要楚能断绝与齐国的同盟关系。楚怀王觉得有利可图，不顾大臣的反对，就爽快地答应了。怀王派逢侯丑与张仪一起赴秦，签订条约。他们快到咸阳的时候，张仪假装喝醉酒，从车上跌落下来，回家养伤。逢侯丑只得在驿馆住下。逢侯丑多日见不到张仪，只得上书秦王。秦王回信说：既然有约定，寡人当然遵守。但是楚未绝齐，怎能随便签约呢？逢侯丑派人向楚怀王汇报，怀王哪里知道秦国早已设下圈套，立即派人到齐国，断绝关系。

张仪再次见到逢侯丑，问他为何还没有回国？逢侯丑要秦王六百里土地之事。张仪却说：秦国土地都是征战所得，岂能随意送人？你们听错了吧！

逢侯丑只得回国，把出访情况告诉楚怀王。怀王大怒，发兵攻秦。可是现在秦齐已经结盟，在两国夹击之下，楚军大败，秦军尽取汉中之地六百里。最后，怀王只得割地求和。

张仪通过虚构事实，采用无中生有之计，使楚国不但没有得到想要的好处，反而丧失了大片国土，偷鸡不成反蚀一把米。

无中生有首先示敌以假，让敌人误以为真；接着让敌方识破我方之假，掉以轻心；最后我方变假为真，让敌方仍误以为假。这样，敌方思想已被扰乱，主动权就被我方掌握。要抓住敌方思想已乱迷惑不解之机，迅速变虚为实，变假为真，变无为有，出其不意地攻击敌方。无中生有的关键在于真假要有变化，虚实必须结合，一假到底，易被敌人发觉，难以制敌。先假后真，先虚后实，无中必须生有。指挥者必须抓住敌人已被迷惑的有利时机，迅速地以"真"、以"实"、以"有"，也就是以出奇制胜的速度，攻击敌方，在敌人头脑还来不及清醒时，即被击溃。

第八计　暗度陈仓

示之以动，利其静而有主。益动而巽。

【释义】

故意暴露我方的行动，以牵制敌人在某地结集固守，然后我方迂回到敌人的背后乘虚而入、发起突袭，攻敌不备，出奇制胜。益、巽，都是易经的卦名。益：动而巽，日进无疆。是说益卦下卦为震、为动，上卦为巽、为风、为顺。行动合理、顺理，就会天天顺利，无有止境。表面上努力使行动合乎常情，暗地里，主动迂回进攻敌人，必能有所收益。

暗度陈仓是指越过正面迷惑敌人，而从侧翼进行突然袭击。后多比喻暗中进行某种活动。它是采取正面佯攻，当敌军被我军牵制而集结固守时，我军悄悄派出一支部队迂回到敌后，乘虚而入，进行决定性的突袭。"暗度陈仓"的前提，是"明修栈道"，即公开地展示一个让敌人觉得愚蠢或者无害的战略行动，以使敌人松懈警示。在公开行动的背后，或有真正的行动，或去转移防卫，趁敌人被假象蒙蔽而放松警惕时，给敌人以措手不及的致命打击，自己则在没有遭到任何抵抗或防备的情况下，出奇制胜。在现代经商赚钱的经营活动中，

"暗度陈仓"是商家常用的妙计，即制造假象，迷惑对手或消费者，使其购买本企业的产品或者要本企业为之提供服务，达到占领市场的目的。但在真正使用这一妙计的时候，必须事先"明修栈道"，以迷惑对手，还不能让对手看出破绽，方能顺理成章地实现自己的企图。

秦朝末年，政治腐败，群雄并起，纷纷反秦。刘邦的部队首先进入关中，攻进咸阳。势力强大的项羽进入关中后，逼迫刘邦退出关中，自己率兵进入，并称西楚霸王。项羽封刘邦为汉王，让他统治偏远的汉中（今陕西南部）和巴蜀（今四川）地区。同时，为防止刘邦再入关中，项羽将富饶的关中让秦军的降将把守。刘邦自知兵力不如项羽，只得忍气吞声。鸿门宴上，刘邦险些丧命。刘邦此次脱险后，只得率部退驻汉中。为了麻痹项羽，在去封地的路上，他采用张良的计策，将长达几百里的栈道全部烧毁，以示再无回关中之心，从而使项羽对其疏于戒备。后来有人起兵反项。刘邦认为这是个出兵关中的好时机。大将韩信提出了明修栈道，暗度陈仓的计策。韩信先派樊哙、周勃率领一万士兵佯修已被刘邦进汉中时烧毁的栈道，摆出要从褒斜道出兵的架势，关中守将章邯闻讯立即加强防御。实际上这个时候，韩信暗地正为攻打陈仓积极地做准备。不久，韩信迅速出兵，攻下了陈仓。章邯得知后非常恐慌，但为时已晚。借道于陈仓，刘邦军队很快攻占关中，为以后建立汉朝奠定了基础。

暗度陈仓可以达到迷惑敌人、隐蔽进攻的作用。因为不但要"暗度"而且还必须要先"明修栈道"，做好铺垫。韩信"明修栈道"的行动果然奏效，由于吸引了敌军注意力，把敌军的主力引诱到了栈道一线，韩信立即派大军绕道到陈仓（今陕西宝鸡县东）发动突然袭击，一举打败章邯，平定三秦，为刘邦统一中原迈出了决定性的一步。

第九计　隔岸观火

阳乖序乱，阴以待逆。暴戾恣睢，其势自毙。顺以动豫，豫顺以动。

【释义】

在敌人内部矛盾激化、分崩离析之时，我方应静待敌方形势的恶化。到时敌人横暴凶残，相互仇杀，必将自取灭亡。我方要采取顺应的态度，然后见机行事。"顺以动豫，豫顺以动"语出易经豫卦。豫，卦名。本卦的下卦为坤为地，上卦为震为雷。意思是雷生于地，雷从地底而出，突破地面，在空中自在飞腾。豫卦的《象》辞说"豫，刚应而志行，顺以动"。顺时而动，天地就能随和其意，做事就顺当自然。

隔岸观火指隔着河看对岸的火。比喻对别人的危难不予援救而在一旁看热闹。坐山观虎斗，敌方内部分裂，矛盾激化，相互倾轧，势不两立，这时万万不可操之过急，免得反而促成他们暂时联手对付你。正确的方法是静止不动，让他们互相残杀，力量削弱，甚至自行瓦解。如果一个国家或一个集团遭遇天灾或内乱之祸，而它的整体力量又没有在灾祸中受到多大损失，来自外部的打击，就会使国家或集团内部的矛盾势力结成一个整体，同仇敌忾，一致对外，抵抗打劫者，消灭打劫者。因此，如果要打击并消灭敌人，不能盲目地趁火打劫，要先袖手观望，看火势发展，等待火势蔓延，从内部烧垮敌人的有生力量，坐收渔利，这才是隔岸观火的精髓。

战国后期，秦将武安君白起在长平一战全歼赵军四十万，赵国国内一片恐慌。白起乘胜连攻下赵国十七城，直逼赵国国都邯郸，赵国指日可破。赵国情势危急，平原君的门客苏代向赵王献计，愿意冒险赴秦，以救燃眉。赵王与群臣商议，决定依计而行。

苏代到咸阳拜见应侯范雎，对范雎说："武安君这次长平一战，威风凛凛，现在又直逼邯郸，他可是秦国统一天下的头号功臣。我可为您担心呀！您现在的地位在他之上，恐怕将来您不得不位居其下了。这个人不好相处啊。"苏代说得应侯沉默不语。过了好一会儿，才问苏代有何对策。苏代说："赵国已很衰弱，不在话下，何不劝秦王暂时同意议和。这样可以剥夺武安君的兵权，您的地位就稳如泰山了。"范雎立即面奏秦王："秦兵劳苦日久，需要修整，不如暂时宣谕息兵，允许赵国割地求和。"秦王果然同意。结果，赵国献出六城，两国罢兵。白起突然被召班师回朝，心中不快，后来知道是范雎的建议，但也无可奈何。

两年后，秦王又发兵攻赵，白起正在生病，改派王陵率十万大军前往。这时赵国已起用老将廉颇，设防甚严，秦军久攻不下。秦王大怒，决定让白起挂帅出征。白起说："赵国统帅廉颇，精通战略，不是当年的赵括可比；如今两国已经议和，现在进攻，会失信于诸侯。所以，这次出兵，恐难取胜。"秦王又派范雎去动员白起，两人矛盾很深，白起便装病不答应。秦王说："除了白起，难道秦国无将了吗？"于是又派王陵攻邯郸，久攻不下。秦王又令白起挂帅，白起伪称病重，拒不受命。秦王怒不可遏，削去白起官职，赶出咸阳。这时范雎对秦王说白起心怀怨恨，如果让他跑到别的国家去，对秦国肯定是非常不利的。秦王一听，急忙派人赐剑给白起，令其自杀。白起为秦国立下汗马功劳，最后却被迫自杀，令人叹息。

当白起围邯郸时，秦国国内本无"火"，可是苏代点燃了范雎的妒忌之火，制造秦国内乱，文武失和。赵国隔岸观火，使自己免遭灭亡。

在企业的经营活动中，利用此计主要是在国内外市场激烈的竞争之中，采取静观其变的态度，等待有利的时机一举加入，趁机占领市场。可见，运用隔岸观火之计不应是消极等待、观望，而是要充分掌握竞争对手的矛盾，加速对策两极转化，取得成功。

第十计　笑里藏刀

信而安之，阴以图之，备而后动，勿使有变。刚中柔外也。

【释义】

要让敌人信任自己，要让他自以为稳如泰山，其实自己在暗地里进行作战的准备。一旦准备成熟就开始行动，绝不给对方应变的机会。在用计的过程中，要保持表面上的恭顺，但是内心要坚定刚毅。

战国时期，魏襄王为了加强和楚国的关系，将一位美人献给楚怀王。美人美丽而乖巧，楚怀王一下子就被她迷住了。这惹恼了原来最得楚怀王宠爱的妃子郑袖。但是郑袖知道楚怀王现在和魏美人正处于蜜月期，自己如果诋毁，只会露出破绽，反而引火烧身。

郑袖对这位来自魏国的美女大献殷勤，做出一副把魏美人当姐妹的笑脸，经常和魏美人携手散步，贴心沟通。各国进献给楚国宫廷的礼品，她都拣最好的送给魏美人。更为厉害的是，郑袖一刻不忘在楚怀王面前夸赞魏美人，说她漂亮贤惠。楚怀王感到很意外，继而大为感动，觉得郑袖通情达理，贤良淑德，堪为后宫表率，也就没有冷落郑袖。至于魏美人呢？觉得自己背井离乡，终于有了一个可以依靠的贴心人，没事也在楚怀王面前夸赞郑袖。但是郑袖在麻痹了这两个人之后，还是要抽刀下手。其实郑袖的目的是取得楚怀王的信任，好再设计陷害魏美人。有一天，郑袖装作很关心魏美人的样子，对她说："你来楚国一段时间了。楚王很喜欢你的美貌，可是你美中也有不足。大王虽然喜欢你的美貌，可是总觉得你的鼻子不够漂亮。要想得到楚王的长久宠爱，以后你见到楚王时最好把鼻子用袖子遮住。"魏美人听了这番话非常感激，于是就按照郑袖的指点去做了。楚怀王看到魏美人见到自己总是遮着鼻子，一次两次不在意，时间长了颇感奇怪。他知道郑袖和魏美人关系好，就到郑袖那里了解情况，这下子郑袖终于等到机会了。

郑袖故做好人，先是摆出一副不便开口的样子，她越装出欲说不说的样子，楚怀王就越感兴趣。在楚怀王的再三追问下，郑袖吞吞吐吐地说："魏美人年纪小，不懂事。她觉得大王身上有一种臭味，所以就用袖子遮住鼻子。其实她也真是的，男人哪能一点儿味都没有呢？"楚怀王听后非常生气，一怒之下命人割掉了魏美人的鼻子。郑袖两面都做了好人，又不动声色地清除了一个争宠的敌人，达到了自己的目的。

李林甫是唐玄宗李隆基时著名的奸相。善音律，无才学，会机变，善钻营。他出身于李唐宗室，是李渊叔伯兄弟李叔良的曾孙，他为人阴险，对于有才华的人才和受到唐玄宗重视的官员，必设法排斥，表面上甜言蜜语相结，背后却阴谋暗害，世人称他"口有蜜，腹有剑"。他经常面带微笑，但心狠手辣，被人们称为口蜜腹剑、笑里藏刀。在权力斗争之中，他擅长设计各种陷阱圈套，让人不知不觉地钻入进去，被愚弄欺骗，遭受大亏，从而失去职务和权力。

有一次，唐玄宗询问李林甫，严挺之这个人能否重用，他现在在什么地方，希望把严挺之召回朝廷，委任一个重要的职务。严挺之是一个很有学识和才华的人，受到宰相张九龄重用，做官做到了中书侍郎，因为与李林甫有一点儿矛盾，在张九龄罢相的时候，严挺之也受到降职，被贬到洺州这个地方去做刺史，后来又移任到绛州做刺史。李林甫很担心唐玄宗把他召回来，并委任重要的官职，会威胁到自己现在所拥有的地位和权势。他的心中充满不安的情绪。因此，他认为有必要阻挠严挺之回到朝廷担任重要官职，免得后患无穷。李林甫于是设计一个陷阱。他把严挺之的弟弟严损之请到自己的家里来，神情温和，举止得体，一点儿也没有宰相的架子，这样使得严损之完全失去了警惕之心，躬身倾听李林甫的谆谆教诲。李林甫对他说：皇帝对待您的兄长颇有厚意，为什么不想个办法上奏圣上，说自己得了重病，要求回京城接受治疗。从表面上看，这几句话之中充满着善意的关怀，但实质上它却是李林甫不停思考之后，精心设下的圈套。严损之把李林甫的原话如实地告诉给自己的兄长严挺之。严挺之是一个忠厚老实的人，平日里虽然很看不起李林甫，但这次却能够感受到李林甫的关怀。他也没有一点点戒备之心，便向朝廷上奏了一道奏章，说自己得了重病，想请求能够回到京城接受治疗。严挺之完全陷入了李林甫为他精心设下的圈套。李林甫看到严挺之这一份奏章，心中十分高兴，便以这一道奏章对唐玄宗说："严挺之已经开始衰老，还得了重病，应授予他散官，这样他就能够养病治疗了。"唐玄宗完全相信李林甫，便命严挺之为员外同正，在京都养病。李林甫设计的圈套多么巧妙！既蒙蔽了玄宗，又欺骗了严挺之，阻挡了严挺之出任要职之路，也为自己清除了一个权力上的竞争对手。

　　笑里藏刀是运用政治外交上的伪装手段，欺骗麻痹对方，来掩盖己方的军事行动。这是一种表面友善而暗藏杀机的谋略。古代兵法早就提醒为战者：切不可轻信对方的甜言蜜语，要谨防他们暗中隐藏的杀机。

第十一计　李代桃僵

势必有损，损阴以益阳。

【释义】

当局势发展到不得不遭受损失的时候，要舍弃局部的利益，以求换得全局更大的胜利。

月盈而亏，水满则溢，有所损失是必然的。因此要果断放弃那些已经没有长远意义的局部利益，用以促进那些有长远、全局性积极意义的发展要素。在军事谋略上，如果暂时要以某种损失为代价才能最终取胜，应当机立断，做出某些局部或暂时的牺牲，去争取全局的、整体性的胜利。

李代桃僵原意是指兄弟要像桃李共患难一样相互帮助，相互友爱。此计用在军事上，指在敌我双方势均力敌，或者敌优我劣的情况下，用小的代价，换取大的胜利的谋略。两军对峙，敌优我劣或势均力敌的情况是很多的。如果指挥者主观指导正确，常可变劣势为优势。在战场上较量时，兵家们往往牺牲局部保全整体，或牺牲小股兵力，保存实力，以获得最后的胜利，这是一种"李代桃僵"的做法。

春秋时期，晋国屠岸贾鼓动晋景公灭掉于晋国有功的赵氏家族。

屠岸贾率三千人把赵府团团围住，把赵家全家老小杀得一个不留。幸好赵朔之妻庄姬公主已被秘密送进宫中。屠岸贾闻讯欲赶尽杀绝，要晋景公杀掉公主。景公念在姑侄情分上，不肯杀公主。此时，公主已身怀有孕，屠岸贾见景公不杀她，就定下斩草除根之计，准备杀掉婴儿。公主生下一男婴，屠岸贾亲自带人入宫搜查，公主将婴儿藏在裤内，躲过了搜查。屠岸贾估计婴儿已偷送出宫，立即悬赏缉拿。

赵家忠实门客公孙杵臼与程婴商量救孤之计："如能将一婴儿与赵氏孤儿对换，我带这一婴儿逃到首阳山，你便去告密，让屠贼搜到那个假赵氏遗孤，方才会停止搜捕，赵氏嫡脉就能保全。"程婴的妻子此时正好生一男婴，他决定用亲子替代赵氏孤儿。他以大义说服妻子忍着悲痛把儿子让公孙杵臼带走。程婴依计，向屠岸贾告密。屠岸贾迅速带兵追到首阳山，在公孙杵臼居住的茅屋，搜出一个用锦被包裹的男婴。于是屠贼摔死了婴儿。他认为已经斩草除根，便放松了警戒。在忠臣韩厥的帮助下，一个心腹假扮医生，入宫给公主看病，用药箱偷偷把婴儿带出宫外。程婴已经听说自己的儿子被摔死，强忍悲痛，带着遗孤逃往外地。过了十五年后，孤儿长大成人，知道自己的身世后，在韩厥的帮助下，举兵戈讨贼，杀了奸臣屠岸贾，报了大仇。

程婴见赵氏大仇已报，沉冤已雪，不肯独享富贵，于是拔剑自刎。他与公孙杵臼合葬一墓，后人称"二义冢"。他们的美名千古流传。

李代桃僵，不一定都是救急之策。翻开二十四史，两千年的帝王史就是帝王们丢卒保车，以小换大的忍让史。这再次说明，退一步海阔天空。

第十二计　顺手牵羊

微隙在所必乘；微利在所必得。少阴，少阳。

【释义】

有机可乘，再微小的漏洞都要利用。不要在乎小胜，从积小胜成大胜的角度出发，再小的利益也要争取。要想尽一切办法把对方的小漏洞变成自己的意外之喜。敌方小的疏漏，我方小的得利。

顺手牵羊是指意外获得某种便宜，或毫不费力地获得某种平常要花大气力才能获得的东西。作为一种计谋，顺手牵羊常常不是等"羊"自动找上门来，而是着意寻找敌方的空子，或诱使敌方出现漏洞并进一步利用漏洞，从而使自己牵羊时很"顺手"。在各种争斗中，机遇是非常重要的，敌方的疏漏往往是我方的机会。善战者，没有不明白这一道理的。

魏晋南北朝时期，前秦统一了黄河流域地区，势力大增。苻坚称大秦天王，灭前燕、前凉及代国，最终统一了北方。在南方，琅琊王司马睿在建康（今南京）称帝，建立东晋王朝，这样，形成了秦晋南北对峙的局面。

公元383年五月，苻坚不顾群臣反对，调集几十万大军，打算一举歼灭东晋。他派其弟苻融为先锋攻下寿阳，初战告捷，苻融判断东晋兵力不多并且严重缺粮，建议苻坚迅速进攻东晋。苻坚闻讯，不等大军到齐，立即率几千骑兵赶到寿阳。东晋将领谢安得知前秦百万大军尚未齐集，决定抓住时机，击败敌方前锋，以挫敌锐气。谢安先派勇将刘牢之率精兵五万，强渡洛涧，杀死前秦守将梁成，并乘胜追击，重创前秦军。谢安率师渡过洛涧，顺淮河而上，抵达淝水一线，驻扎在八公山边，与驻扎在寿阳的前秦军隔岸对峙。

苻坚和他的弟弟苻融在寿阳城上，望见晋军阵列严整，士气高昂，似有锐不可当之势；又看看北面的八公山上，把草木都看成人，认为有大军埋伏在那里。苻坚回过头对苻融说："这是强劲的敌人啊，怎么能说晋军人数少呢。"说着，脸上浮现出失算、恐惧的神情。

谢安看到敌众我寡，只能速战速决。于是，他决定用激将法激怒骄狂的苻坚。他派人送去一封信，信中写道：我要与你决一雌雄，如果你不敢决战，还是趁早投降为好；如果你有胆量与我决战，你就暂退一箭之地，放我渡河与你比个输赢。苻坚大怒，决定暂退一箭之地，等东晋部队渡到河中间，再回兵出击，将晋兵全歼水中。他哪里料到此时前秦军士气低落，撤军令下，顿时大乱。前秦兵争先恐后，人马冲撞，乱成一团，怨声四起。这时指挥已经失灵，他几次下令停止退却，但如潮水般撤退的人马已成溃败之势。这时谢安指挥东晋兵马迅速渡河，乘敌人大乱，奋力追杀。前秦先锋苻融被东晋军杀死，苻坚也中箭受伤，慌忙逃回洛阳，前秦大败。晋军乘势追击，秦军人马相踏，投水死者不可胜数，他们丢盔弃甲，昼夜奔逃，听到风声鹤唳，都以为是东晋的追兵，风餐露宿，饥寒交迫，死去十分之七八。等到洛阳时已不及十万人马。淝水之战，东晋军抓住战机，乘虚而入，是古代战争史上以弱胜强的著名战例。

风险与机遇并存，这是千古不变的真理。顺手牵羊很多时候是在抓机会，很多时候你一犹豫，机会也就逃走了，所以精准的判断力和智谋的勇气也是很重要的。

企业经营活动中，经营者为了突出自己产品的优点，在宣传本企业产品优点的同时，往往顺手牵羊，与竞争产品进行比较，间接贬低对方、提高自己。这种比较性的宣传广告，在我国乃至世界的电视上、报纸上频频出现，是达到自己经营目的的切实可行的好方法。

第十三计　打草惊蛇

疑以叩实，察而后动；复者，阴之媒也。

【释义】

发现问题就要反复问清实际情况，深入调查研究，而后采取相应的行动，实际是发现隐藏之敌的重要手段。反复调查，深入研究，考察分析，侦察核实，才能发现对方阴谋的重要手段。

打草惊蛇，作为谋略是指敌方兵力没有暴露、行踪诡秘、意向不明时，切不可轻敌冒进，而应当查清敌方主力配置、运动状况再做决断。打草惊蛇不仅可以避免被蛇咬伤，而且在毒蛇现身之后再紧随其后，不停地打草，无须出手也能将毒蛇累死，这是对付毒蛇的最好办法。

东汉末年，已经取得了江东和四川广大领土的刘备，想要恢复汉室，他把目光瞄准了汉中，这是一个自然条件优越，易守难攻的战略要地，能够提供足够的军粮和源源不断的兵源补给。因此刘备不惜兴兵十万进攻汉中。曹操也深知汉中位置重要，一旦失守自己的西线则完全暴露在刘备的攻势之下，从此永无宁日，无奈之下亲自率领四十万军队出征。但是没想到曹军先锋夏侯渊在定军山被蜀将黄忠杀死。

曹操闻讯又悲又怒，倚仗兵马众多出兵至汉水和刘备决战。

蜀军看曹军气势如虹，便不打算与曹军硬拼，把军队退回汉水西岸，和曹军隔水相对。占据汉水上游之便，但是曹军人多势众，蜀军不得不思索如何避其精锐，取其软肋。勘察地形后，诸葛亮发现上游有一些高矮不平的土山，可以埋伏千人左右。诸葛亮灵机一动，吩咐大将赵云带领五百名兵丁埋伏在山上，每人都携带锣鼓号角。只要看到刘备大营中的信号一闪一灭，就敲锣打鼓吹号大肆鼓噪一番，且要伴有将士的呐喊声，但是绝对不可以露面，更不能出战。

曹操咬牙切齿地要找刘备决战，而且派兵丁不停地到刘备阵前挑战。但是刘备置之不理，不出兵也不出声，连弓箭也不发一支。曹兵叫喊了几天都没人回应，于是只好回营。一连数天都如此，曹军急于报仇的心态渐渐松懈了下来。赵云在山上等了好几天，也没有命令传来。一天深夜，赵云终于接到了诸葛亮的信号，此时曹营将士已经熄灯就寝。赵云立刻带领全体士兵敲锣打鼓吹号角，一时之间汉水两岸杀声震天。这时曹操正在睡梦之中，听到鼓角震天大惊失色，以为刘备前来劫营，急忙准备迎敌，整个曹营之内人喊马嘶乱成一片，等到收拾好了出营一看，一个蜀兵也不见。曹军搞不清楚情况，原地戒备了一会儿就回营休息了。可是等到曹兵刚刚休息不一会儿，诸葛亮又给赵云发信号。赵云带领五百人再次发出呐喊，曹军只好再次披挂准备战斗，等到准备就绪才发现还是没有什么人，只好再次休息。一夜之间如此反复了好多次，曹营没有一个人能睡个安稳觉，一个个被折磨得筋疲力尽，战斗力大减。不但如此，蜀军一连数天晚上都如法炮制，但是又不来进攻，曹营所有人的忍耐力都被摧毁了。曹操认为这样下去没等刘备来进攻，自己就先垮了，无可奈何之下只好退兵三十里。

曹操一退兵，诸葛亮就下令渡河并背靠汉水扎营。背水扎营是兵家大忌，但是曹操是一个多疑的人，他觉得诸葛亮一定有诡计，只是一时之间他还不知道诸葛亮打的是什么算盘。为了防止有变，曹操主动下战书约刘备决战。战斗一开始蜀军就败退，兵器、马匹扔了一路。曹操不敢追赶，反倒命令收兵，原来曹操觉得蜀兵背水扎寨，本来就有所怀疑，现在蜀兵不战自溃，曹操就更不敢轻易追赶，反而还下令退兵。就在曹兵掉头后撤时，诸葛亮又下令蜀军追击曹军。曹兵战败，损失惨重。诸葛亮之所以以弱胜强，无非是不停地打草，让曹操不得清闲，并利用曹操多疑的性格让他疑神疑鬼，最终犯下错误。

打草惊蛇之计，对于隐蔽的敌人，不得轻举妄动，以免敌方发现我军意图而采取主动，采用佯攻、助攻等方法"打草"，引蛇出洞，中我埋伏，聚而歼之。社会生活里，充满阴谋诡计，像草丛中潜伏着的毒蛇，时不时地有无辜者被伤害，正直者遭打击，只有阴谋被事先探明与揭露，才能保护无辜者与正直者。探明与揭露阴谋的最好方式，往往是打草惊蛇。大多数搞阴谋的人和盗贼一样，心是虚的，只要我方一方面虚张声势，一方面谨慎防范，就可以使其中止阴谋，或者暴露阴谋，并打击阴谋者。

同样，在企业经营活动中，经营者在竞争对手中选择合作伙伴，应事先调查、研究、分析、预测，以掌握市场行情，了解对手，认识消费者需求等各个环节，准确把握后面的经销活动，以保证经营有的放矢，达到自己真正的经营意图。

第十四计　借尸还魂

有用者，不可借；不能用者，求借。借不能用者而用之，匪我求童蒙，童蒙求我。

【释义】

世间许多看上去很有用处的东西，往往不容易去驾驭而为己用。那些看上去没什么用途的东西，往往我还可以借助它而为己发挥作用。犹如我欲"还魂"还必得借助看似无用的"尸体"的道理。从兵法上说，是要善于抓住一切机会，甚至是看上去没什么用处的东西，努力争取主动，壮大自己，及时利用而转不利为有利，乃至转败为胜。凡是表面看上去有用的东西，大家就会加以争夺，往往不容易驾驭而为自己所用。因为会和太多人发生冲突，在争夺中胜出的概率不大。而那些看似没有利用价值的东西，反而要主动加以利用，那些看似已经没有用的人和物会因为受到重视，把主动权交到自己手中。所以你要抬举于他，使得他有求于你，不是你有求于他。

秦始皇统一六国以后，实行严刑峻法，天下百姓，都有反秦的意愿。秦二世元年（前209），陈胜、吴广被征发到渔阳戍边。当这些戍卒走到大泽乡时，天降大雨，道路被水淹没，眼看无法按时到达渔阳了。秦朝法律规定，凡是不能按时到达指定地点的戍卒，一律处斩。陈胜、吴广知道，即使到达渔阳，也会因误期被杀，不如揭竿而起，造反活命。陈胜知道自己地位低下，没有什么号召力。陈胜为了能够得到大家拥护。他利用当时人们的迷信心理，巧妙地做了其他安排。有一天，士兵在做饭时，在鱼腹中发现一块丝帛，上写"陈胜王"，士兵大惊，暗中传开。吴广又趁夜深人静之时，在旷野荒庙中学狐狸叫，士兵们还隐隐约约地听到空中有"大楚兴，陈胜王"的口号。他们以为陈胜不是一般的人，肯定是"天意"让他来领导大家的。陈胜、吴广见时机已到，就率领戍卒杀死朝廷派来的将尉。陈胜登高一呼，揭竿而起，自号为将军，吴广为都尉，攻占大泽乡，天下云集响应，所向披靡。后来，部下拥立陈胜为王，国号"张楚"。

借尸还魂用在军事上，是指利用、支配那些没有作为的势力来达到我方目的的策略。战争中往往有这类情况，对双方都有用的势力，往往难以驾驭，很难加以利用。而没有什么作为的势力，往往要寻求靠山。这个时候利用和控制这部分势力，往往可以达到制胜的目的。在军事上，指挥官一定要善于分析战争中各种力量的变化，要善于利用一切可以利用的力量。有时我方即使受挫，处于被动局面，但若我方善于利用敌方矛盾，利用一切可以利用的力量，也能够转被动为主动，改变战争形势，达到取胜的目的。在人类社会中，借他人幌子，达到自己的目的，可谓随处可见。改朝换代之际，一些人拥立亡国国君的后代，并不是真心帮助其恢复故国，而是打着前朝的旗号，利用人们的正统观念，来实现自己的军事与政治愿望。即使在江山稳固的时期，也有一些野心家，以帝王为傀儡，为掌中玩物，操权弄术，把持国政。

第十五计　调虎离山

待天以困之，用人以诱之，往蹇来连。

【释义】

在战场上等待天然的条件或情况对敌人不利时，我再去围困他。用人为的假象去诱惑敌人，使他向我就范。战场上若遇强敌，要善用谋，用假象使敌人离开驻地，诱他就我之范，丧失他的优势，使他处处皆难，寸步难行，由主动变被动，而我则出其不意而制胜。

调虎离山在军事上是一种调动敌人的谋略。它的核心在一"调"字。虎是指敌方；山是指敌方占据的有利地势。如果敌方占据了有利地势，并且兵力众多，防范严密，此时，我方不可硬攻。正确的方法是设计相诱，把敌人引出坚固的据点，或者把敌人诱入对我军有利的地区，这样做才可以取胜。不顾条件地硬攻城池是下等策略，是会失败的。敌人既然已占据了有利地势，又做好了应战的准备，就不能去与他争地。应该巧妙地用小利去引诱敌人，把敌人诱离坚固的防地，引诱到对我军有利的地区，我方就可以变被动为主动。然后利用天时、地利与人和，一定可以击败敌人。

军事较量、政治斗争以及社会生活的其他方面，情形不也是十分惊人的相似吗？军事上，敌人势力强大，又占据坚固阵地和天然屏障，犹如龙在潭虎在穴，硬攻只是白费精力。所以，孙子以为攻打这类坚固城池是下等战策。上策是引龙离潭，调虎出山，然后消灭它们。

历史上各种势力集团，无不在巩固地盘或势力范围，并且倚仗地盘进行较量与争斗。而调虎离山，一直是一个集团消灭或兼并另一个集团最常用的手法。它的应用，方式也很多，或将最关键、最重要或最危险的敌手引出他的地盘，使他失去反抗的屏障。

东汉末年，军阀并起，各霸一方。孙坚之子孙策，年少有为，继承父志，势力逐渐强大。公元199年，孙策欲向北推进，准备夺取江北卢江郡。卢江郡南有长江之险，北有淮水阻隔，易守难攻。

占据卢江的军阀刘勋势力强大，野心勃勃。孙策知道，如果硬攻，取胜的机会很小。他和众将商议，定出了一条调虎离山的妙计。针对军阀刘勋极其贪财的弱点，孙策派人给刘勋送去一份厚礼，并在信中把刘勋大肆吹捧一番。他说刘勋功名远播，令人仰慕，并表示要与刘勋交好。孙策还以弱者的身份向刘勋求救。他说，上缭经常派兵侵扰我们，我们力弱，不能远征，请求将军发兵降伏上缭，我们感激不尽。刘勋见孙策极力讨好他，万分得意。上缭一带十分富庶，刘勋早想夺取，今见孙策软弱无能，也就免去了后顾之忧，决定发兵上缭。部将刘晔极力劝阻，可刘勋哪里听得进去？他已经被孙策的厚礼、甜言迷惑住了。

孙策时刻监视着刘勋的行动，见刘勋亲自率领几万兵马去攻上缭，城内空虚，心中大喜，说："老虎已被我调出山了，我们赶快去占据它的老窝吧！"于是立即率领人马水陆并进，袭击卢江，几乎没遇到顽强的抵抗，就十分顺利地控制了卢江。刘勋猛攻上缭，一直不能取胜。突然得报孙策已取卢江,方知中计,后悔已经来不及了,只得灰溜溜地投奔曹操。

在现代商战中,调虎离山也为常用之计。为了获取商业上的利益,通过制造各种假象,让竞争对手产生错觉,然后因势利导去牵着竞争对手走,或是故意泄露一些假情报来调动竞争对手朝着错误方向发展,以达到削弱竞争对手的最终目标。

第十六计　欲擒故纵

逼则反兵；走则减势。紧随勿迫。累其气力，消其斗志，散而后擒，兵不血刃。需，有孚，光。

【释义】

逼迫敌人无路可走，他们就会反扑；让他们逃跑则可减弱敌人的气势。追击敌人时，跟踪敌人不要过于逼迫他们，以消耗他们的体力，消除他们的斗志，待敌人士气低落、溃不成军，再擒获他们，就可以避免流血。按照《易经》需卦的原理，待敌人心理上完全失败而信服，就能赢得光明的战争结局。

人们常常希望事情能办得干脆迅速，然而欲速则不达。人们在接受一些崭新的事物时，都需要一段适应的时间。

三国时期，魏蜀吴三分天下，诸葛亮受刘备托孤遗诏，复兴汉室，立志北伐，为了巩固后方，解除北伐曹魏的后顾之忧，亲自率军南征，平定南中地区的叛乱。孟获的反叛，极大地冲击了诸葛亮立足西蜀、北伐中原的计划。孟获在西蜀的后方，诸葛亮想要安心北伐，后院自然不能起火。但是边疆的蛮族向来不好征服，即便征服了，因为天高路远，一旦再次反叛则之前的军事成果立即化为乌有。所以诸葛亮在出征之前，马谡就向他建议："南蛮倚仗地远山险，不服从管理很久了，所以尽管丞相大军到那里后会马到成功，但班师之后一旦我们北伐曹丕，蛮兵得知我们内部空虚，一定还会出尔反尔，密谋造反。用兵之道攻心为上，攻城为下；心战为上，兵战为下。希望丞相攻下蛮族的心。"诸葛亮非常同意他的看法。

果然，诸葛亮的谋略水平远非蛮夷可比，在兵力上也占据优势，所以蜀军主力一到达泸水，就用诱敌之计轻易将孟获捉拿。诸葛亮虽然释放了孟获，但是孟获本人并不领情，还放言说："山僻路狭，误遭汝手，如何肯服！"孟获获释后回到营寨，对诸葛亮的谋略也暗自心惊，于是打算采取拖延战术。他把泸水之上所有的船只都拖到南岸，想把蜀军限制在泸水以北，等蜀军水土不服自行撤走。不料诸葛亮通晓天文地理，知道泸水下游水浅流速慢，于是派三千军马从孟获毫无防备的下游偷渡过河，偷袭了孟获的粮仓。孟获迁怒于手下将士，反而被手下趁其睡觉时抓获。此次被擒，孟获又说自己是被自己人出卖，不算战败，不能服气。诸葛亮见孟获仍不心服，再次将其释放。其后诸葛亮又多次识破孟获的计策，第三次被擒孟获已经"低头无语"。最后诸葛亮火烧藤甲兵，第七次生擒孟获。孟获表示自此之后不再造反。经过此次南征，以孟获为首的西南蛮夷从此忠于蜀国，诸葛亮得以安心进行北伐，由此拉开了他六出祁山、北伐中原的序幕。

诸葛亮七擒七纵，绝非感情用事，他的最终目的是要在政治上利用孟获的影响，稳住南方；在地盘上，乘机扩大疆土。诸葛亮审时度势，采用攻心之计，擒之纵之，主动权操控在自己的手上，最后终于达到目的。这说明诸葛亮深谋远虑，随机应变，巧用兵法，是个难得的军事奇才。

战争只有消灭敌人，夺取土地，才是目的。如果逼得敌人狗急跳墙，垂死挣扎，己方损兵失地，是不可取的。放他一马，不等于放虎归山，目的在于让敌人斗志逐渐懈怠，体力、物力逐渐消耗，最后己方寻找机会，全歼敌军，达到消灭敌人的目的。故纵就是以退为进，使其心服口服，甘拜下风。取法其上，适得其中。纵敌不是要使敌人日益强大，而是要消耗其体力，瓦解其斗志，以便顺利擒敌。

第十七计　抛砖引玉

类以诱之，击蒙也。

【释义】

用类似的东西去诱惑敌人，诱惑成功后，便可打击这种蒙昧之人了。诱敌之法甚多，最妙之法，不在疑似之间，而在类同，以固其惑。以旌旗金鼓诱敌者，疑似也；以老弱粮草诱敌者，则类同也。

春秋战国时期，楚国发兵攻打绞国，大军行动迅速。楚军兵临城下，士气旺盛。绞国自知出城迎战，不能获胜，于是决定坚守城池。绞城地势险要，易守难攻。楚军多次进攻，均被击退。两军相持不下。楚国大夫屈瑕仔细分析了敌我双方的情况，认为绞城只可智取，不可力克。他向楚王献计说：攻城不如利而诱之。楚王向他问诱敌之法。屈瑕建议：趁绞城被围月余，城中缺少薪柴之时，派些士兵装扮成樵夫上山打柴运回来，敌军一定会出城劫夺柴草。头几天，让他们先得一些小利，等他们麻痹大意，大批士兵出城劫夺柴草之时，先设伏兵断其后路，然后聚而歼之，乘势夺城。楚王担心绞国不会轻易上当，屈瑕说："大王放心，绞国虽小而轻躁，轻躁则少谋略。有这样的钓饵，不愁它不上钩。"楚王于是依计而行，命一些士兵装扮成樵夫上山打柴。绞侯听探子报告有樵夫进山的情况，忙问这些樵夫有无楚军保护。探子说，他们三三两两进出，并无兵士跟随。绞侯马上布置人马，待"樵夫"背着柴火出山之机突然袭击，果然顺利得手，抓了三十多个"樵夫"，夺得不少柴草。一连几天，果然收获不小。见有利可图，绞国士兵出城劫夺柴草的人数越来越多。楚王见敌人已经吞下钓饵，便决定迅速逮大鱼。第六天，绞国士兵像前几天一样出城劫掠，"樵夫"们见绞军又来劫掠，吓得没命地逃奔，绞国士兵紧紧追赶，不知不觉被引入楚军的埋伏圈内。突然伏兵四起，杀声震天，绞国士兵哪里抵挡得住，慌忙败退，又遇伏兵断了归路，死伤无数。楚王此时趁机攻城，绞侯自知中计，但已无力抵抗，只得请降。

　　抛砖引玉用于军事和战争，是指用相类似的事物去迷惑、诱骗敌人，使其懵懂上当，中我圈套，然后乘机击败敌人的计谋。"砖"和"玉"，是一种形象的比喻。"砖"，指的是小利，是诱饵；"玉"，指的是作战的目的，即大的胜利。"引玉"才是目的，"抛砖"是为达到目的而采取的手段。钓鱼需用钓饵，先让鱼儿尝到一点儿甜头，它才会上钩；敌人只有占了一点儿便宜，才会误入圈套，吃大亏。

第十八计　擒贼擒王

摧其坚，夺其魁，以解其体。龙战于野，其道穷也。

【释义】

摧毁敌人的主力，抓住它的首领，就可以瓦解它的整体力量。好比龙出大海到陆地上作战，面临绝境一样。"龙战于野，其道穷也"语出《易经》坤卦。坤卦上六的《象》辞："龙战于野，其道穷也。"是说即使强龙在田野大地之上争斗，也还是走入了困顿的绝境。比喻战斗中擒贼擒王谋略的威力。攻胜则利不胜取。取小遗大，卒之利、将之累、帅之害、攻之亏也。舍胜而不摧坚擒王，是纵虎归山也。擒王之法，不可图辨旌旗，而当察其阵中之首动。摧毁敌人的主力，抓获敌人的首领，就可以瓦解它的整体力量。群龙无首的队伍，已经到了穷途末路。

东晋时期，权臣桓玄威逼晋安帝司马德让位于他，建国号楚。桓玄称帝后，东晋大将刘裕立即和手下将领谋划讨伐桓玄，意图借此控制东晋朝廷。双方交战之后，桓玄战事不利，于是向江陵撤退，同时留下大将何澹之镇守溢口阻挡刘裕的军队。何澹之为了隐蔽自己，就把统帅的指挥船用羽旗装饰了一番，让人一看就是帅船，而他自己则躲入另一艘船中进行指挥，以为这样就可以迷惑敌人，保护自己。

刘裕的大将何无忌率水军来到溢口，两军在江面上交战，何无忌命令军队全力攻击这艘羽船。诸将都很不理解这个决定，纷纷阻止他，因为根据消息，何澹之并不在这艘指挥船上。同时，这艘船上的防卫力量很强大，他们费尽力气才能攻上这艘船。

何无忌认为："敌人的指挥官何澹之尽管不在这艘船上，船上守卫的兵力也很强，但是只要我们多用兵力，配备强弓硬弩进行攻击，定能俘获这艘船。何澹之虽然在另一艘船上进行指挥，但是他的士兵们未必知道这件事，如果看到我们占领帅船，一定会以为主帅已死，我军将士也会以为敌军首脑毙命，那时我军士气更加旺盛，而敌军则更加恐慌，恐慌会大大削弱敌人的战斗力，这样就会彻底打败他们。"

将领们将信将疑，但也只好全力攻打这艘羽船，经过艰苦的作战终于占领了这艘船。按照何无忌的命令，晋军一占领羽船，士兵们就在船上大声呼叫："何澹之死了！何澹之死了！"叛军听后军心涣散，不由又惊又怕，全都闻风而逃。何无忌率军乘势追杀，晋军大获全胜。

军队中将军的地位就是如此的重要，因此才有擒贼先擒王的说法。何澹之并没有被俘虏，但是他手下的士兵一看到他的指挥船失守，立即土崩瓦解，这再次说明了擒贼擒王对战役胜利所起到的巨大作用。

第十九计　釜底抽薪

不敌其力，而消其势，兑下乾上之象。

【释义】

不直接面对敌人的锋芒，而是间接地瓦解敌人的气势，用以柔克刚的办法转弱为强，兑下乾上是《易经》中的履卦，此计正是运用兑下乾上之象推理衍之，比喻采取此计可胜强敌。

东汉末年，中央政府控制力空前减弱，各地方军阀混战不休。建安四年（199），北方的袁绍击败公孙瓒，占有青、幽、冀、并四州之地。而早在建安元年（196），曹操把汉献帝挟持到许昌，"挟天子以令诸侯"取得了政治上的优势。

第二年春，袁绍的弟弟袁术在寿春称帝，曹操将其消灭，随后曹操又消灭了吕布集团。他的势力西达关中，东到山东、河南、徐州，连成一片。曹操拥有了黄河以南、淮水以北的广大地区，从而与北方的袁绍以黄河为界对峙。袁绍的兵力远胜过曹操，曹操的政治野心很大，双方的摊牌已经不可逆转。于是在公元199年六月，袁绍率领精兵十万南下进攻许昌，双方在官渡相持。曹操守官渡，自八月起至九月终，逐渐粮草不继。这时，许攸因为向袁绍献计策不被采用，于是就来投奔曹操。原来许攸曾多次建议袁绍趁曹军主力在官渡时，利用兵力占优的条件派骑兵去袭取曹操的许都，袁绍倚仗自己兵多将广不予采纳。许攸认为袁绍刚愎自用坐失良机，料定他不会有好下场，于是离开袁绍，转而投靠曹操。

曹操见许攸大喜。他知道许攸是袁绍的重要谋士，十分了解袁绍营中的虚实情况，所以一见面，曹操非常高兴，热情接待了许攸。

许攸看到曹操礼贤下士，就给曹操出谋划策，要其烧毁袁军的粮草辎重，袁绍就会阵脚大乱了。曹操留下曹洪、荀攸、贾诩防守官渡大营，自己则带领五千骑兵，打着袁军旗号，从小路直奔乌巢，攻击乌巢袁军。袁绍的军粮毁于一旦，士气崩溃，很快就被曹操的军队打得大败，官渡之战后曹操逐步统一了北方。

釜底抽薪的运用，是对强敌不可用正面作战取胜，而应该想办法消灭其赖以生存的条件，断其后援，使其从根本上瓦解。

第二十计　浑水摸鱼

乘其阴乱，利其弱而无主。随，以向晦入宴息。

【释义】

乘敌人内部发生混乱，利用他弱小而没有主见。《易经》随卦，震下兑上，雷入泽中，大地寒凝，万物蛰伏，故如象名"随"。随，顺从之意。《随》卦的《象》辞说："泽中有雷，随，君子以向晦入宴息。"意思是为人要随应天时去作息，向晚就当入室休息。比喻趁混乱时机攫取不正当的利益。此计运用此象理，是说打仗时要善于抓住敌方的可乘之隙，而我借机行事，使乱顺我之意，我便乱中取利。动荡之际，数力冲撞，弱者依违无主，散蔽而不察，我随而取之。

赤壁之战后，曹操败走回北方，天下大局由明晰变得复杂起来。东吴一战成功，因之势大。周瑜在西线，孙权在东线分别和曹仁、张辽所部发生冲突，意欲趁曹操势弱之际占据中原的大片领土。但是曹操在败退之际也留下了稳定中原防线的计划，加之曹仁和张辽防御得当，所以尽管孙权全力攻打，双方的战线一直僵持，孙权也很难获得一些好处。

赤壁之战是刘备事业的重要转折点，正是曹操和孙权的一番混战给了刘备浑水摸鱼的大好时机，他趁周瑜和曹仁在湖北境内作战时，刘备从周瑜的侧后方获得了南郡，并以此为契机利用周瑜作战不利，逐渐占据了荆州的广大领土，拥有了坚实的战略基地。然而就在此时，曹操和孙权还在合肥一带僵持不下，这给了刘备更好的机会获取西川。

西川乃天府之国，沃野千里，蜀主刘璋是刘备的同宗亲戚，所以刘备有很大的机会将其据为己有。刘璋的谋士张松到许都为刘璋说服曹操对付张鲁，并以做附庸国为交换条件。按说这样的条件非常丰厚，但是曹操居然没有看出西川的战略价值，他冷淡地招待了张松。

张松本来以为凭借着西川的战略地位和优越的经济地位，曹操一定会对自己的到来感到非常的兴奋，自己一定会受到优待。没想到曹操莫名其妙地对自己不理不睬，这让张松心中十分郁闷。在筵席间张松狠狠地羞辱了曹操一番，这让曹操暴跳如雷，曹操一顿乱棍把张松打出了许昌。张松没想到乘兴而来败兴而归，想到同僚们可能会对自己冷嘲热讽，心中感到无比郁闷。

张松来到了荆州，刘备命令赵云和关羽热情接待张松，然后，刘备又亲自迎接张松，热情款待。张松非常感动，于是和刘备结成了战略同盟。张松回西川后在刘璋面前游说，让刘备入川帮忙抵御张鲁，好过向曹操乞怜。

刘璋不顾众臣的极力反对，派法正、孟达去荆州迎接刘备入川。刘备刚刚入川时迫于舆论不敢动手，双方尚且相安无事，不过很快传来了曹操大军进攻东吴威胁荆州的消息，庞统献计，让刘备向刘璋借精兵三万以支援荆州，刘璋自然不愿意花自己的钱为刘备办事，接信后犹豫再三只拨了四千老弱残兵给刘备。刘备借此翻脸，掉转枪口杀向西川，逼得刘璋出城投降。于是就在曹操和孙权的一番混战之下，刘备从容地占领了巴蜀，再加之前得到的荆州，刘备的势力空前庞大，足以与曹操、孙权三分天下。

第二十一计　金蝉脱壳

存其形，完其势；友不疑，敌不动。巽而止蛊。

【释义】

保存阵地已有的战斗形貌，进一步完备继续战斗的各种态势。暗中谨慎地实行主力转移，稳住敌人，我则乘敌不惊疑之际脱离险境，就可安然躲过战乱之危。

蝉从壳中飞走，蝉蜕还是个整蝉的样子，不仔细看则不会发现已经没有了肉身。金蝉脱壳的运用有时候就是这样用最原始的手段达到目的。

南宋年间，宋金关系紧张，金兵屡次侵入南宋。宋将毕再遇与金军对垒，打了几次胜仗。毕再遇是山东兖州人，其父为岳飞部将，所以他是坚定的主战派。

有一次毕再遇和金军交战，连胜数阵，金兵于是发兵数万精锐骑兵，向他的军队直扑而来。当时毕再遇手下仅仅有几千人马，如果贸然决战，在快速推进的金军骑兵的冲击之下必败无疑。毕再遇随机应变，决定保存实力，于是下令撤退。但是金军近在咫尺，如果南宋军的撤退不够隐秘，对方的骑兵肯定会加以追杀，还是达不到安全撤退的效果。如何全身而退？毕再遇陷入了沉思。

当天晚上金军在营内休息，突然听到鼓声大作，他们下意识的反应是宋军趁夜劫营，于是迅速集合军队准备迎战。但是宋营那边就是没有士兵出来进攻。尽管没有攻势，但宋军的鼓声却接连不断。金军一开始还有点儿诧异，后来才明白这是宋军自知实力不济，采取的疲兵之计。

于是金兵对于宋军的鼓声置之不理，任凭这鼓声响了两天两夜。但是到了后来宋营的鼓声不知为何逐渐微弱下去，金军以为宋军已疲惫了，就分兵包抄逼近宋营。但见宋营内部悄无声息，人声马声皆无。金兵冲入宋营，可是宋营根本就没有防守，金兵冲进去后才发现是一座空营。

金兵在营里发现了很多奄奄一息的山羊，这些山羊的后腿被捆在树上，每只羊的前腿下放着一面战鼓，由于后腿被绑，这些羊都拼命地踢动前腿，于是在羊群的踢动之下这些鼓隆隆作响。金军所猜测的宋军，不过是一群山羊罢了，这就是毕再遇的脱身之计。

第二十二计　关门捉贼

小敌困之。剥，不利有攸往。

【释义】

对弱小或者数量不多的敌人，要设法去困围，并歼灭他。《易经》剥卦，坤下艮上，意即广阔无边的大地在吞没山，故名曰"剥"。剥，落。此计引此卦辞，是说对小股敌人要即时围困消灭，而不利于去急追或者远袭。

关门打狗自然是省时省力，但是在什么时候关门也很重要。关得早就会打草惊蛇，关得晚敌人就要夺路而逃。

唐朝末年，地方上藩镇割据混战不休，朝廷中宦官专权，皇帝大权旁落。政府压榨百姓，民不聊生。终于在公元875年，爆发了在王仙芝、黄巢领导下大规模的农民起义。后来王仙芝战死，黄巢继而成为起义军的领袖，各地农民纷纷响应。黄巢一路取胜，最终率领起义军攻克唐朝都城长安，建立了农民革命政权，国号"大齐"。唐僖宗仓皇逃到四川成都，起义军却未乘胜追击。因此唐僖宗得以纠集残余部队，向当时的实力派军阀沙陀族李克用借兵，请他出兵帮助中央政府攻打黄巢的起义军。这是唐朝的传统，在唐太宗时期，唐朝把投降的少数民族武装放在西域地区，整编为中央政府的军队，这些军队为保卫西部领土立下了大功。进入唐玄宗时代，唐朝中央政府对少数民族的将领更为重用，自从平定安史之乱以来，唐朝就一直通过和少数民族武装保持关系来稳固自己的统治。一代名臣郭子仪就在回鹘人当中享有崇高的声誉，数次通过回鹘兵挽救了唐朝的危局。而李光弼原本就是契丹族人。

李克用在唐末的军阀中属于典型的实力派，也希望获得一些政治资本，于是就欣然接受了唐朝的请求，率领精兵强将一万余人南下助剿，政府军军力大大增强。第二年，唐军的反攻部署已完成，于是准备出兵收复长安。

义军和唐军在凤翔首先交战，义军将领尚让中了埋伏，被唐军击败。首战不利，黄巢发现唐军声势浩大，准备也很充分，加之是乘胜进兵直逼长安，所以在召集众将商议对策之后，认为不宜硬拼。军事会议做出决定：义军全部退出长安，往东撤退。唐朝大军抵达长安，本来已经做好了打一场恶战的准备，却不见黄巢迎战，感觉很不对劲。唐军没遇到丝毫抵抗就进入了长安城内，才发现黄巢的部队已全部撤走。唐军毫不费力地收回了长安，他们自觉立下了大功，于是恶劣的军阀习气暴露无遗，众将欣喜若狂纵容士兵抢劫百姓财物，长安城内一片混乱。唐军将领被胜利冲昏了头脑，整日饮酒作乐欢庆胜利，城防十分松懈。黄巢派人去打听城中情况，探子回报说：敌人已经得意忘形。义军见时机已到，当天半夜时分迅速回师长安，义军攻城的时候唐军刚刚喝完酒，都在呼呼大睡。这时义军突然神兵天降，城上的守军不战而溃。义军以迅雷不及掩耳之势冲进长安城内，毫无戒备的唐军伏尸无数。黄巢在弱势的情况下勇于放弃，把敌人的战果变成了敌人的牢笼，用"关门捉贼"之计在一夜之间重新占据长安。

第二十三计　远交近攻

形禁势格，利从近取，害以远隔。上火下泽。

【释义】

受到地势的限制和阻碍，先攻取就近的敌人有利，越过近敌先去攻取远隔之敌是有害的。"上火下泽"语出《易经》睽卦，上卦为离为火，下卦为兑为泽。上离下泽，是水火相克，水火相克则又可相生，循环无穷。此计运用"上火下泽"相互离违的道理，说明采取"远交近攻"的不同做法，使敌相互矛盾、离违，而我正好各个击破。

远交近攻尽管是野心大于实力的选择，但也绝不能随意利用，以下例子就是其最好的注脚。

战国时期，七雄争霸。秦国经商鞅变法之后，势力发展最快。秦昭王开始图谋吞并六国，独霸中原。公元前270年，秦昭王准备兴兵伐齐。范雎此时向秦昭王献上"远交近攻"之策，阻秦国攻齐。他说：齐国势力强大，离秦国又很远，攻打齐国，部队要经过韩、魏两国。军队派少了，难以取胜；多派军队，打胜了也无法占有齐国土地。不如先攻打邻国韩、魏，逐步推进。为了防止齐国与韩、魏结盟，秦昭王派使者主动与齐国结盟。其后四十余年，秦始皇继续坚持

"远交近攻"之策，远交齐楚，首先攻下韩、魏，然后又从两翼进兵，攻破赵、燕，统一北方；攻破楚国，平定南方；最后把齐国也收拾了。秦始皇征战十年，终于实现了统一中国的愿望。

远交近攻是分化瓦解对手联盟，各个击破，结交离自己远的对手而先攻打近处的对手，是一种战略性规划。当消灭邻近的对手之后，远交的对手也成为近邻，新一轮的征战也是不可避免的。远交是为了避免树敌过多而采取的外交上的诱骗。

第二十四计　假道伐虢

两大之间，敌胁以从，我假以势。困，有言不信。

【释义】

处在我与敌两个大国之中的小国，敌方若胁迫小国屈从于他时，我则要借机去援救，造成一种有利的军事态势。"困，有言不信"语出《易经》困卦，上卦为兑为泽，为阴；下卦为坎为水，为阳。卦象表明，本该容纳于泽中的水，现在离开泽而向下渗透，以致泽无水而受困，水离开泽流散无归也自困，故卦名为"困"。困，困顿。卦辞意为，处在困顿境地，难道不相信有人来吗？此计运用此卦理，是说处在两个大国中的小国，面临着受人胁迫的境地时，我若说援救他，他在困顿中会不相信吗？

假地用兵之举，非巧言可诳，必其势不受一方之胁从，则将受双方之夹击。如此境况之际，敌必迫之以威，我则诳之以不害，利其幸存之心，速得全势，彼将不能自阵，故不战而灭之矣。例如，晋侯假道于虞以伐虢，晋灭虢，虢公丑奔京师，师还，袭虞灭之。以借路为名，实际上要侵占该国。

假道伐虢，自然少不了向被借道的一方行一下好处。但是这好处不能过分，否则就会让人怀疑你的动机。

春秋初期，晋国传至献公。晋献公即位后起用一批异姓人才为卿大夫，巩固了君位。奉行尊王政策，提高在诸侯国中的声望。攻灭骊戎、耿、霍、魏等国，击败狄戎，复采纳荀息假道伐虢之计，消灭强敌虞、虢。晋献公积极扩军，极力拓展疆土。

周惠王十九年（前658），晋献公为了夺取崤函要地，决定南下攻虢（今河南陕县）。但要去虢国必须从虞国（今山西平陆）经过，况且当时虞、虢两国关系和睦，同姓毗邻且结有同盟。晋国无论同其中任何一国开启战端，都意味着要同时和虢、虞两国之师相抗衡。晋献公觉得这是个难题，担心两国联合起来抗晋，于是，就派大夫荀息去向虞国借路以便攻打虢国。荀息接到这个任务，对如何拆散虢、虞两国的同盟关系，使晋国避免陷于两线作战这个难题苦思冥想、反复斟酌，终于想出了一条一箭双雕的妙计。

荀息对晋献公说："请用垂棘之璧和屈地所产的良马作为礼物赠给虞公，这样去请求借路，虞公就一定会同意。"晋献公有点儿担心地说："垂棘之璧是先君传下来的宝贝，屈地所产的良马是我的坐骑。如果虞国接受了我们的礼物而又不肯借路给我们，那可如何是好？"针对晋献公的顾虑，荀息分析说："这种情况不会出现。他们如果不愿借路给我们，一定不会接受我们的礼物；如果他们接受了我们的礼物，那就一定会借路给我们。再说了，把垂棘之璧和屈地良马送给虞国，就好像我们把垂棘之璧从内府转藏到外府，把屈地良马从内厩牵出来关到外厩里是一个道理，国君您有什么好担忧的呢？"晋献公一听，想了一下，按实力来看，自己的珍宝给虞国其实相当于暂时存放一下而已，自己迟早还是会收回来的，就同意了荀息各个击破之计，先向虞借道攻虢，再伺机灭虞。

于是，荀息把屈地出产的良马作为礼物，再加上垂棘之璧一起奉送给虞国，向虞公正式提出了借道攻虢的要求。虞公是个非常贪利的人，看宝玉和骏马异常喜欢，就一口答应了荀息。他不但应允借道，还自愿做攻虢先锋。这时，虞国大夫宫之奇认为此事极其不妥，急忙在一旁加以谏阻，但利令智昏的虞公根本听不进去，钻进了晋人设计好的圈套里。

公元前658年夏，晋国大夫里克、荀息统率晋国军队通过虞国的土地去攻打虢国，虞公践约派出军队同晋军会师，然后协同晋军展开军事行动。晋军在虞军的积极配合下，进展顺利，很快攻占了虢国的下阳（今山西平陆），一举控制了虢、虞之间的战略要地，并通过此事进一步摸清了虢、虞两国的虚实，为下一步行动创造了条件。时隔三年，晋献公又一次向虞国提出了借道伐虢的要求。虞国大夫宫之奇这时更透彻地看清了借道背后所包藏的险恶用心，极力劝阻虞公，虞公非但不听，反而对宫之奇十分地不耐烦，说晋国是自己的同姓国，必不会害己。宫之奇见虞国灭亡近在旦夕，为避祸计，便率领族人逃离了虞国。荀息带兵消灭了虢国。再回军又消灭了虞国，荀息拿着玉璧、牵着骏马回来向晋献公报告。

处在我与敌两个大国之中的小国，敌方若胁迫小国屈从于他时，我则要借机去援救，造成一种有利的军事态势。战争指导者有意掩盖自己的真实意图，利用敌人贪利、畏怯等弱点，借攻击第三者为由，顺势渗透自己的势力，控制对方。一旦时机成熟，即以迅雷不及掩耳之势发起攻击，一举消灭或制伏对手，达到一石二鸟的目的。

第二十五计　偷梁换柱

频更其阵，抽其劲旅，待其自败，而后乘之，曳其轮也。

【释义】

频繁地变动敌人的阵容，抽调敌人的精锐主力，等待他自行败退，然后趁机取胜。这就好像拖住了大车的轮子，也控制了大车的运行一样。"曳其轮也"语出《易经》。既济卦为异卦相叠（离下坎上）。上卦为坎为水，下卦为离为火。水处火上，水势压倒火势，救火之事，大功告成，故卦名"既济"。既济卦初九《象》辞为，拖住了车轮，车子就不能运行了。

偷梁换柱并非易事，在众目睽睽之下，要欺瞒哄骗对方，拆梁换柱是一门艺术。

韩信是汉初三杰之一，为刘邦灭掉项羽，战功卓著。但是韩信不懂政治，造成军权两次被刘邦剥夺。当年，刘邦与项羽在荥阳会战。刘邦大败，差点儿被俘。当时韩信、张耳率军驻扎在修武。一天清晨，刘邦带着自己的亲信夏侯婴来到韩信军营叫门，自称是汉王使者，驾着车冲进了营门。当时韩信、张耳还在酣睡，刘邦直接进入营帐拿走了二人的官印和兵符，亲自接管了韩信的军队，调整了人事部署，把精兵全部调走参加荥阳会战去了。韩信、张耳起床后方知刘邦来了，不禁大惊失色。公元前202年，刘邦再次出其不意地夺取了韩信的军权。不同的是，当时刘邦、韩信、彭越联军刚刚打败项羽，逼其乌江自刎。韩信率三十万汉军驻军定陶。刘邦平定楚地后经过定陶，又是由夏侯婴驾车叫开营门，夺了韩信的军队。由于这次夺军，韩信被迫离开他经营多时的齐地，被徙封为楚王，并失去了统率军队的机会，只好任人宰割。

偷梁换柱比喻拖住了车轮，车子就不能运行了。已方抽其友方劲旅，如同抽出梁木，房屋就会坍塌，于是已方就可以控制他了。

第二十六计　指桑骂槐

大凌小者，警以诱之。刚中而应，行险而顺。

【释义】

指桑骂槐的原意是指着桑树却骂给槐树听，借用来比喻对别人间接指责、批评的方法，后来广泛指以惩治、攻击某一个特定的典型敌人，来警告、规劝其他敌人的行为。引申到军事上，是一种用胁迫、警告等暗示手段达到树立某种威严的谋略，既可运用于军队内部管理，又是一门对敌和外部势力斗争的艺术。

三十六计中，此计原文为："大凌小者，警以诱之。刚中而应，行险而顺。"即强大者要控制弱小者，要用警戒的办法去诱导他。"刚中而应，行险而顺"语出《易经》师卦。下卦为坎为水，上卦为坤为地，水流地下，随势而行。这正如军旅之象，故名为"师"。以此卦象的道理督治天下，百姓就会服从。这是吉祥之象。

作为一种计谋，指桑骂槐在军事上是一种"杀鸡儆猴、敲山震虎"的策略。在面对众多下属的时候，为了统一军事内部的意志与行动，以防兵不服将，有令不行，有禁不止的事情发生，或在面对弱小之敌时，为了不用直接的武力就可使其降服，并有效瓦解其反抗，高明的指挥者也常常暗中找借口对相关人士施行警告，或采用较为强硬的态度对其加以诱迫，以使对方充分敬服。这是一种统驭众人的心理战略。

春秋初期，齐桓公在管仲的辅佐下，采用"尊王攘夷"的策略，"九合诸侯、一匡天下"，成为春秋时期第一位公认的一代霸主。

公元前681年，齐桓公召集中原诸侯在北杏（今山东东阿）会盟。管仲决定降服鲁国和宋国，以此扩大齐国的影响力。但他并未采取直接军事进攻的手段，而是先灭掉了鲁国的弱小邻国——遂国，因为遂国不参加会盟。遂国是舜的后裔，周初武王大封诸侯时被封于遂（今山东肥城一带），遂国不仅是鲁国的邻国，还是其附庸国。齐国灭掉遂国后，感受到压力的鲁国领会了齐国的意图，立即谢罪求和，与齐国结盟。而鲁国位于齐国与宋国之间，隔开了齐国和宋国，本是宋国抵挡齐国的屏障。但齐鲁结盟后，失去鲁国屏障，安全受到威胁的宋国也只得向齐国求和，以保证安全。管仲以灭遂国震慑鲁国，使得鲁国降服并与齐国结盟。又以齐鲁联盟，对宋国施加压力，降服了宋国。

管仲以弱小的遂国为"桑"，以较强大的鲁国和宋国为"槐"，不仅获得了遂国的土地，还以最小成本和代价争取到了鲁国和宋国的降服。如若直接攻打鲁国、宋国，容易在众诸侯国中产生较大的负面影响，易引起其他强国的干涉，反倒会得不偿失。管仲灭遂国，在战略战术上对鲁国形成压力，迫使其降服，又通过降服鲁国对宋国施加压力，进而降服宋国。

第二十七计　假痴不癫

宁伪作不知不为，不伪作假知妄为。静不露机，云雷屯也。

【释义】

宁可假装无知而不行动，也不可以假装假知而去轻举妄动。"静不露机，云雷屯也"语出《易经》屯卦，震下坎上，震为雷，坎为雨，此卦象为雷雨并作，环境险恶，为事困难。"屯"，难也。屯卦的《象》辞又说"云雷，屯"。坎为雨，又为云，震为雷。这是说，云行于上，雷动于下，云在上有压抑雷之象征，这是《屯》卦之卦象。

司马懿，河内郡温县孝敬里（今河南省焦作）人，自幼聪明，足智多谋，博学洽闻。其家族在东汉末年是朝廷重臣，其高祖父司马钧为汉安帝时期的征西将军。祖父司马儁是颍川太守，父亲司马防更是京兆尹，世代官宦。在曹操挟天子以令诸侯时期，曾一度拒绝曹操抛出的橄榄枝，在建安十三年（208），曹操任丞相后，便强行给司马懿安了一个文学掾的官职，以防其投奔吴蜀两国。

魏明帝曹睿在位时，打压司马家的势力，司马懿一直得不到施展才华的机会。曹睿死后，其幼子曹芳即位。根据明帝遗诏，大将军曹爽、太尉司马懿共同辅政。起初，曹爽由于司马懿德高望重，又是自己的前辈，每有军国大事都要由司马懿决定。后来，曹爽为了扩张自己的势力，防止司马懿的势力过度膨胀，起用了一些心腹，架空了司马懿。司马懿面对这种情形一时无可奈何，因为曹爽是宗室贵族，而自己是受过猜忌的人，兵权被夺去，只做了一个有名无实的太傅，手中无兵无法与曹爽抗争。此后，司马懿便长期称病在家以躲避曹爽的锋芒。

司马懿居家不出正中曹爽下怀，不过闲暇之余，曹爽也不敢忽视司马懿的动向，毕竟他老谋深算，连诸葛亮都奈何他不得。没过多久，曹爽的心腹李胜出任荆州刺史，曹爽便让他去司马懿处辞行，想借机窥探一下司马懿的动静。

司马懿对李胜的真实来意自然心知肚明，正在宴饮的他立即让两名婢女搀扶自己回床上装病。见到李胜之后，司马懿故作穿衣之状，将衣服掉在地上。他又向婢女示意口渴，婢女送上一碗粥，司马懿喝粥时粥却顺着口角流到胸前。

李胜看到后装模作样地流着泪说：“现在皇帝年幼，天下的事情都仰仗着明公，过去只听说您旧病复发，可是没想到病得这么严重。”司马懿长吁了一口气说："我年老病重，危在旦夕。你去并州做官，并州离胡人很近。胡人好战，你要好自为之，恐怕我们不能再见面了。"李胜连忙纠正说："我是赴任荆州，不是并州。"司马懿又装作没听懂说："你将要去并州，一定要多多保重。"李胜没办法就在他耳朵边上喊了一句："我是去荆州，不是并州。"司马懿这才装作明白过来，说："您到荆州做刺史，一定会盛德壮烈建立功勋，遗憾的是我与你分别以后，恐怕再也见不到面了，如何不让人伤悲？"接着又把两个儿子司马师、司马昭叫出来，让他们与李胜结为朋友，求李胜在他死后多多照顾自己的儿子，说着说着司马懿又悲伤地哭了起来。

李胜从司马懿家出来，见了曹爽非常高兴地说："司马懿说话颠三倒四，就连喝粥都不利索，且指南为北，肯定活不长了。"从此，曹爽彻底对司马懿放心了，更加肆无忌惮地花天酒地。

不久，曹芳按惯例去祭拜祖先，曹爽兄弟作为宗族随驾出行。司马懿趁此机会，立即在城中部署兵马。他们先占据了武库，控制了都城，随后屯兵在洛水浮桥，派人向曹爽送信进行攻心战："大将军曹爽背弃顾命，败乱国典，内外专权。现在皇太后命令罢免曹爽兄弟官职，自回家中，不得在外逗留，如胆敢违抗，便以军法从事。"曹爽兄弟懦弱无能，居然乖乖放下武器回家了，司马懿先在朝中剪除了曹爽的党羽，进而又将曹爽兄弟下入狱中，以谋反大逆的罪名诛杀尽净。至此，司马氏与曹氏的权力之争以司马氏的胜利而告终。

在军事上，有时为了以退求进，必得假痴不癫，老成持重，以达到后发制人。这就如同云势压住雷动，且不露机巧一样，最后一旦爆发攻击，便出其不意而获胜。

第二十八计　上屋抽梯

假之以便，唆之使前，断其援应，陷之死地。遇毒，位不当也。

【释义】

借给敌人一些方便，或者故意暴露出一些破绽，以诱导敌人深入我方，乘机切断他的后援和前应，最终陷他于死地。"遇毒，位不当也"语出《易经》噬嗑卦，上卦为离为火，下卦为震为雷，是既打雷，又闪电，威严得很。又离为阴卦，震为阳卦，是阴阳相济，刚柔相交，以喻人要恩威并用，严明结合，故卦名为"噬嗑"，意为咀嚼。噬嗑卦六三《象》辞："遇毒，位不当也。"是说抢腊肉中了毒，因为六三阴兑爻于阳位，是位不当。敌人受我之唆，犹如贪食抢吃，只怪自己见利而受骗，才陷入了死地。

刘邦在建立大汉王朝之后，高歌猛进准备北伐一举消灭匈奴。北方正逢隆冬，天气酷寒。刘邦得到情报，匈奴单于冒顿正驻扎在代谷，于是决定发动一场大规模攻势，并不断派出特使侦察匈奴。

匈奴单于知道刘邦已经扫平群雄，因此对大汉特使十分警惕。每当特使前来他就把精锐部队以及肥壮的战马全部藏匿，使西汉特使只看到老弱残兵及瘠瘦牲畜。刘邦先后派出十次特使，他们都把所见到的假象据实呈报，刘邦以此初步判断匈奴不堪一击。但刘邦仍不放心，又派出曾经建议自己定都关中的娄敬前往做最后刺探。然而娄敬还没有回报，刘邦就迫不及待地率领大军向北推进。汉军前锋刚越过句注，娄敬回报刘邦说："我在匈奴那里看到的全是老弱残兵，匈奴的用意十分明显，他们就是要引诱我们攻击，然后用伏兵截断我们的退路。我认为绝对不可采取军事行动。"这时大军正向前挺进，刘邦下令把娄敬囚禁在监狱中。

刘邦不顾娄敬的警告，他率领少数兵马先来到平城，此时汉军主力仍在后面。冒顿单于闻讯大喜，立即调集精锐骑兵数十万，乘刘邦巡视平城附近的白登山之时，突然率主力出现，把白登围了个水泄不通。匈奴围困了七日七夜，汉军先头军团完全孤立。城中和城外消息中断，汉军主力找不到刘邦，刘邦也得不到救援，白登陷落就在旦夕。最后关头刘邦采用陈平的计策，派出秘密使节到匈奴大营进谏匈奴皇后，送上了贵重礼物，主要目的是希望皇后可以为自己说些好话。于是皇后在冒顿面前不断吹枕头风，冒顿原来与刘邦的两个诸侯王内外勾结约定了造反日期，但是时间已到，汉朝的内应还没有音讯，冒顿正举棋不定，害怕汉军的援军到来里应外合，自己便处于不利境地，于是就让白登城一个城角的匈奴兵撤退。陈平见此机会命兵士使用强弓硬弩，射出了一条退路，保护刘邦从解围的城角悄悄溜出。

刘邦回到平城，西汉军主力也陆续抵达，匈奴兵撤退。刘邦回到广武特赦了娄敬，把前面派出的十个特使全部处斩，封娄敬为二千户侯。

第二十九计　树上开花

借局布势，力小势大。鸿渐于陆，其羽可用为仪也。

【释义】

借助某种局面和手段布成有利的阵势，兵力弱小但可使阵势显出强大的样子。"鸿渐于陆，其羽可用为仪"语出《易经》渐卦，渐进之意。渐卦为艮下巽上，上卦为巽为木，下卦为艮为山。卦象为木植长于山上，不断生长，也喻人培养自己的德行，进而影响他人。渐卦上九"鸿渐于陆，其羽可为仪，吉利"，是说鸿雁飞到山头，它的羽毛可用来编织舞具，这是吉利之兆。此计运用此象理，是说弱小的部队通过凭借某种因素，改变外部形态之后，自己阵容显得充实强大了，就像鸿雁长了羽翼已丰的翅膀一样。此树本无花，而树则可以有花，剪彩贴之，不细察者不易发，使花与树交相辉映，而成玲珑全局也。此盖布精兵于友军之阵，完其势以威敌也。

如何从别人那里借势是一门艺术，与其造势不如借势。实力不强的盟友不能利用，没有知名度的也没有必要招惹。树上开花对那些自认地位平平的人来说非常有用，他们可以通过攀高枝压服别人。

乐毅是中山人，他是战国末期杰出的军事家，更是魏国的名将乐

羊的后代。少年时期的乐毅在家人的熏陶和环境中，就对军事方面的事情产生了相当大的兴趣，长大了之后便在赵国做官。后因赵国内乱，乐毅又到魏国效力。

燕国燕昭王学习秦孝公，积极变革，广招奇才，修筑了黄金台，款待天下的盛世奇才，正好出使燕国的乐毅，就被燕昭王提名为亚卿。乐毅被他的这份诚意所打动了，就留了下来，一起与燕昭王重新修筑燕国。

燕昭王给了乐毅非常多的信任，可是在燕国的内部，还是有很多人出于多种因素的考虑，还是对乐毅充满了敌意的目光。当时的骑劫就是其中最突出的代表人物。因为他嫉妒乐毅，他在当时是太子的燕惠王面前肆意地说乐毅的不好来污蔑他，燕惠王就这样在骑劫的逸言下竟相信了，然后就向燕昭王告发了乐毅，要将他问罪。但是非但没有结果，反而受到了燕昭王的责备与处罚。他出于这次对乐毅的惭愧，于是派出了使节，将乐毅封为齐王，跟他分国治理。

乐毅率领燕国大军攻打齐国，连克下七十余城，齐国只剩下莒和即墨这两座城池了。乐毅乘胜追击，围困莒和即墨。齐国拼死抵抗，燕军久攻不下。

燕昭王对乐毅信任有加。从不怀疑。可是燕昭王去世，继位的燕惠王，用骑劫去取代乐毅。乐毅知道与己不利，只得逃回赵国老家。

齐国守将是田单，他深知骑劫根本不是将才，虽然燕军强大，但只要计谋得当，一定可以击败。田单首先利用两国的士兵都具有迷信心理，他要求齐国军民每天饭前要拿食物到门前空地上祭祀祖先。这样，成群的乌鸦、麻雀结伙地赶来争食。城外燕军一看，觉得奇怪：原来听说齐国有神师相助，现在真的连飞鸟每天都定时朝拜。弄得人心惶惶，非常害怕。

田单派人放风，说乐毅过于仁慈，谁也不怕他。如果燕军割下齐军俘虏的鼻子，齐人肯定会吓破胆。骑劫觉得有道理，果然下令割下俘虏的鼻子，挖了城外齐人的坟墓，这样残暴的行为激起了齐国军民的义愤。

田单又派人送信给骑劫，大夸他带兵打仗的才能，表示愿意投降。田单还派人装成富户，带着财宝偷偷出城投降燕军。骑劫确信齐国已无作战能力了，只等田单开城投降。

齐军人数太少，即使进攻，也难取胜。于是他把城中的一千多头牛集中起来，在牛角上绑上尖刀，牛身上披上画有五颜六色、稀奇古怪图案的红色装饰，牛尾巴上绑一大把浸了油的麻苇。另外，田单选了五千名精壮士兵，穿上五色花衣，脸上绘上五颜六色的图案，手持兵器，命他们跟在牛的后面。

这天夜晚，田单命令把牛从新挖的城塘洞中放出，点燃麻苇，牛又惊又躁，直冲燕国军营。燕军根本没有防备，这火牛阵势，谁也没有见过，一个个吓得魂飞天外，哪里能够还手。齐军五千勇士接着冲杀进来，燕军死伤无数。骑劫也在乱军中被杀，燕军一败涂地。齐军乘胜追击，收复七十余城，使齐国转危为安。田单可以算是善于运用各种因素壮大自己声势的典范。

第三十计　反客为主

乘隙插足，扼其主机，渐之进也。

【释义】

如果有了间隙，就要马上趁机掌握敌人的首脑或要害，巧妙而顺序地渐进最为重要。"渐之进也"语出《易经》渐卦，乘隙插足，扼其主机，要循序渐进。

为人驱使者为奴，为人尊处者为客，不能立足者为暂客，能立足者为久客，客久而不能主事者为贱客，能主事则可渐握机要，而为主矣。

唐朝时期，仆固怀恩煽动吐蕃和回纥两国联合进犯大唐。率领大军三十万，直逼泾阳。郭子仪奉命平息叛乱，然而他当时手里只有一万名精兵。面对声势浩大的敌军，郭子仪知道形势危及。然而就在这个时候，仆固怀恩突然得病死去，大军就失去了在吐蕃和回纥两军之间协调的人物，致使双方为了争夺指挥权，矛盾激化。郭子仪考虑到为何不趁这个时候分化这两支军队。他曾和回纥都督药葛罗并肩作战过，何不利用一下这个关系说服他不要反唐，一起对付吐蕃呢？于是他就派人秘密地去回纥营中，转达郭子仪想与药葛罗合作的消息。药葛罗听说郭子仪就在泾阳，非常高兴，就爽快地答应了，但是要求郭子仪亲自过来。

郭子仪亲自来到回纥营中，药葛罗看到真的是郭子仪来了，赶紧设宴招待他，酒席间他们谈得十分热烈。郭子仪见时机已到，突然话锋一转，说道："我大唐跟回纥关系一直都很好，怎么突然会和吐蕃一起进犯我大唐呢？我记得以前回纥还在安史之乱中立了大功，我大唐也没有怎么亏待你们啊！我有一言不知当讲不当讲，我认为现在的吐蕃只是在利用你们而已，等你我两败俱伤之际，他们好渔翁得利。"药葛罗听后说道："你说得确实有理，我们被他们骗了！现在我们愿意和大唐一起，攻打吐蕃。"酒宴结束后，双方马上立誓联盟。吐蕃得到回纥与大唐联盟的消息后，大为震惊，觉得现在形势对自己十分不利，于是连夜拔寨撤兵。郭子仪与回纥合兵追击，吐蕃大败。经过此役之后很长一段时期内，吐蕃都没有再次进犯大唐。

第三十一计　美人计

兵强者，攻其将；将智者，伐其情。将弱兵颓，其势自萎。利用御寇，顺相保也。

【释义】

对兵力强大的敌人，就攻击他的将帅；对明智的将领，就打击他的情绪。将领斗志衰弱、部队士气消沉，他的气势必定自行萎缩。利于抵御敌人，顺利地保卫自己。此计运用此象理，是说利用敌人自身的严重缺点，己方顺势以对，使其自颓自损，己方一举得之。

兵强将智，不可以敌，势必事先。事之以土地，以增其势，如六国之事秦，策之最下者也；事之以币帛，以增其富，如宋之事辽金，策之下者也；唯事以美人，以佚其志，以弱其体，以增其下之怨。如勾践以西施重宝取悦夫差，乃可转败为胜。

西周末年，周幽王时，大夫褒垧因直言进谏，惹怒幽王，被囚于京城狱中。而褒垧之子深知周幽王好色成性，就想出了用美人换父的计策。在一个偏远的乡村，他发现了容貌惊人的褒姒，就从她父母手中买下了她。绝色美女褒姒果然深得周幽王的宠爱，褒垧自然也被释放。

褒姒进宫后就几乎没笑过，简直就是"冷美人"，周幽王绞尽脑汁想博美人一笑，但无论他用什么办法逗她，褒姒就是不笑。于是周幽王下令谁有办法让美人一笑，犒赏千金，这就是"千金一笑"的来历。正好朝中有个佞臣叫虢石父，想出一条荒唐的妙计，晚上把传递军情信号的烽火台点燃，诸侯闻讯赶来救驾，却发现是一场闹剧，结果引得褒姒大笑，众诸侯遭此戏弄，气愤而归。等到后来申后之父申侯联合犬戎攻打周幽王，各诸侯王以为又是游戏而没有来救驾，导致周幽王和儿子姬伯服被杀死于骊山之下，褒姒也被犬戎掳走，从此下落不明，西周灭亡。

第三十二计　空城计

虚者虚之，疑中生疑；刚柔之际，奇而复奇。

【释义】

空虚的就让它空虚，在疑惑中更加产生疑惑。"刚柔之际"语出《易经》解卦。解卦的上卦为震为雷，下卦为坎为雨。雷雨交加，荡涤宇内，万象更新，万物萌生，故卦名为"解"。解，险难解除，物情舒缓。解卦初六《象》辞"刚柔之际，义无咎也"，是使刚与柔相互交会，没有灾难。空城计运用此象理，是说敌我交会、相战，运用此计可产生奇妙而又奇妙的功效。古人解析说：虚虚实实，兵无常势。虚而示虚，诸葛而后，不乏其人。

空城计很惊险，有没有效果要看对手是不是一个有水准的人。通常来说，思维缜密的人不会轻易相信假象，但是也最容易被假象所欺骗。

三国时期，诸葛亮出祁山，因错用马谡而失掉战略要地街亭，司马懿乘势率大军向诸葛亮所在的西城杀去。当时蜀国兵力薄弱，如以卵击石，必败无疑。可是蜀国要从别的地方调集军队增援又来不及。诸葛亮苦思冥想，终于想出一个万全之策。他命令城内的平民和士兵全部撤出，暂时躲避到一个安全的地方，然后大开城门，等候司马懿大军的到来。司马懿到达西城，却发现城门大开，城墙上也看不到一个守卫的士兵，只有一个老头在城门前扫地。正在他大惑不解的时候，就看到城楼上出现了一个人，正是诸葛亮。只见他不慌不忙地整理了一下自己的衣服，在一架预先放好的古琴前坐下来，随即悠扬的音乐从城楼上传下来。魏国的将士都愣住了，在大军围城的危急关头，蜀国的军师诸葛亮却弹起了琴，不知道这是怎么回事。面对开着的城门和弹琴的诸葛亮，司马懿竟一时不知如何是好。他早就知道诸葛亮足智多谋，可诸葛亮胆敢大开城门迎候十几万大军，这太出乎他的预料了。因此他想，城里必定埋伏了大量兵马。这时，就听得城楼上传来的琴声由舒缓渐渐变得急促起来，仿佛暴风雨就要来临一般。司马懿越听越不对劲，他怀疑这是诸葛亮发出调动军队反攻的信号，于是急忙下令他的军队撤退。蜀国的西城没有用一兵一卒就得以保全。

第三十三计　反间计

疑中之疑。比之自内，不自失也。

【释义】

在疑阵中再布疑阵。"比之自内，不自失也"语出《易经》比卦，坤下坎上，上卦为坎为相依相赖，故名"比"。比，亲比，亲密相依。本卦六二《象》辞："比之自内，不自失也。"

在布下一重重的疑阵之后，能使来自敌内部的间谍归顺于我。间者，使敌自相疑忌也；反间者，因敌之间而间之也。

反间计的实质，就是用敌人的子弹消灭敌人，不费自己一枪一弹，而樯橹灰飞烟灭。

东汉末年，荆州刘表投降曹操，曹军接管了刘表的水军。这支军队因为长期在长江上训练，所以水战素质很高。荆州水军的加入使得曹操军队不习水战的局面得以扭转。

曹吴隔江对峙，曹操对年轻有为的周瑜十分爱慕。认为周瑜是军事奇才，因此没有放弃招降周瑜。恰巧曹操的谋士蒋干是周瑜的同窗，蒋干自告奋勇要去东吴劝降周瑜，曹操同意了蒋干的请求。

蒋干的到来，周瑜亲自招待，东吴大小官员都参加了迎接。随后周瑜摆下了盛大的酒宴，东吴文武官员全部出席陪同，周瑜知道蒋干可能会在宴会上劝降，于是立下规矩，酒席之上只叙友情不谈军事，以此堵住了蒋干的嘴巴。周瑜佯装大醉，和蒋干同床共眠。蒋干劝降不成，无法交差，心中颇感郁闷，所以难以入睡。他偷偷下床，在帐里走来走去，忽然看见周瑜案上有一封信。他偷看了信，原来是蔡瑁、张允所写，信的内容是表达自己对曹操的不满，约定与周瑜里应外合击败曹操。但蒋干万万没想到这封信是周瑜故意伪造的。这时，周瑜说着梦话翻了翻身子，吓得蒋干连忙上床。过了一会儿，忽然有人进帐要见周瑜。周瑜起身和来人谈话，中间还进帐看了看蒋干是否真的睡熟了。蒋干赶紧装作沉睡的样子，只听周瑜他们的谈话里隐约提到了蔡瑁、张允二人投降的日期。于是蒋干对蔡瑁、张允二人的背叛深信不疑，立即连夜赶回曹营，让曹操看了周瑜伪造的信件。曹操顿时火起，多疑的曹操之前就怀疑这两个人有二心，此时毫不犹豫地杀了蔡瑁、张允。等曹操冷静下来一思量，才知中了周瑜的反间之计，但已后悔莫及了。

第三十四计　苦肉计

人不自害，受害必真；假真真假，间以得行。童蒙之吉，顺以巽也。

【释义】

正常情况下人不会自我伤害，若他受害必然是真情；利用这种常理，我则以假作真，以真作假，那么离间计就可实行了。"童蒙之吉，顺以巽也"语出《易经·蒙》卦。本卦六五《象》辞"童蒙之吉，顺以巽也"，本意是说幼稚蒙昧之人之所以吉利，是因为柔顺服从。本计用此象理，是说采用这种办法欺骗敌人，就是顺应着他那柔弱的性情达到目的。

间者，使敌人相疑也；反间者，因敌人之疑，而实其疑也；苦肉计者，盖假作自间以间人也。凡遣与己有隙者以诱敌人，约为响应，或约为共力者：皆苦肉计之类也。例如，郑武公伐胡而先以女妻胡君，并戮关其思；韩信下齐而郦生遭烹。

苦肉计，顾名思义有人要倒霉。计策实施是否成功，就要看这苦肉计演的水平如何。

春秋之际，吴国公子阖闾利用专诸刺杀了吴王僚，自己做了吴王，但他总担心吴王僚的儿子庆忌复仇，庆忌出逃在外，对阖闾时刻是一种威胁，因此他总是想方设法要除掉庆忌。于是伍子胥又向阖闾推荐要离为刺客。要离虽生得身材瘦小，腰围一束，面貌丑陋，却有万人之勇，是当时有名的击剑能手，他足智多谋，以捕鱼为业，家住无锡鸿山山北。为取信于庆忌，要离要求阖闾找理由杀掉自己的妻子，砍断自己右臂，阖闾依计行之。要离随后逃到卫国，求见正在卫国扩大势力、准备攻打吴国夺回王位的庆忌，要求庆忌为他报杀妻断臂之仇。庆忌起初将信将疑，后见要离已失右臂，也探得其妻被阖闾杀死的情况，遂坦然不疑，视要离为亲信，从此他们形影不离。后来，庆忌率兵乘船向吴国进发，要离趁庆忌没有防备时，从背后用矛刺杀庆忌。庆忌因失血过多而亡，要离也自刎而死。

第三十五计　连环计

将多兵众，不可以敌，使其自累，以杀其势。在师中吉，承天宠也。

【释义】

敌军将多而兵力强大，就不要去硬拼，应当运用计谋使其自相牵制，借以彻底削弱其气势。将帅巧妙指挥，用兵如神，必能获胜无疑。《易经》师卦九二《象》辞，"在师中吉，承天宠也"是说主帅身在军中指挥，吉利，因为得到上天的宠爱。将帅巧妙地运用此计，克敌制胜，就如同有上天护佑一样。

俗话说"一计不成，又生一计"，这只是被迫无奈之举。真正的谋略大家，往往都是数计并用，这样成功的概率更高，也越有把握战胜敌人。

南宋著名的抗金将领毕再遇，自幼受家庭熏陶，苦练武艺，熟读兵书，矢志抗金，他有勇有谋、指挥得当，屡立战功。他运用连环计，打得金兵连吃败仗。他分析金人强悍，骑兵尤其勇猛，如果正面交战势必会造成重大伤亡。所以他用兵主张抓住敌人的重大弱点，设法钳制敌人，寻找良好的战机。

一次毕再遇与金兵遭遇，他命令部队不得与金兵正面交锋，可采取游击流动战术。敌人前进，他就令队伍后撤，等敌人刚刚安顿下来，他又下令出击，等金兵全力反击时，他又率队伍跑得无影无踪。就这样，退退进进，打打停停，把金兵搞得疲惫不堪。金兵想打又打不着，想摆又摆不脱。

到夜晚，金军人困马乏，正准备回营休息。毕再遇准备了许多用香料煮好的黑豆，偷偷地撒在阵地上。然后，又突然袭击金军。金军无奈，只得尽力反击。毕再遇的部队与金军战不几时，又全部败退。金军气愤至极，乘胜追赶。谁知，金军战马一天来东跑西追，又饿又渴，闻到地上有香喷喷的味道，用嘴一探，知道是可以填饱肚子的粮食。战马一口口只顾抢着吃，任你用鞭抽打，也不肯前进一步。金军调不动战马，在黑夜中，一时没了主意，显得十分混乱。毕再遇这时调集全部队伍，从四面包围过来，杀得金军人仰马翻，横尸遍野。

第三十六计　走为上

全师避敌。左次无咎,未失常也。

【释义】

全军退却,避开强敌。"左次无咎,未失常也"语出《易经》卦。《象》辞说军队在左边扎营,没有危险。敌势全胜,我不能战,则必降;必和;必走。降则全败,和则半败,走则未败。未败者,胜之转机也。

走为上计,不一定是失败时或选择战机时才做的事情。所谓飞鸟尽,良弓藏;狡兔死,走狗烹;敌国破,谋臣亡。历代名臣于叱咤风云建功立业之后,多有急流勇退的例子。其中原因殊为复杂,总体来说不过是雄主们屠戮功臣的习惯性冲动造成的。

范蠡是楚国宛(今河南南阳)人,年轻时即博览群书,满腹韬略。但在楚国时,却不为世人所知。经过一番思虑后,他便决定到越国谋求发展。当时,越王勾践与吴王夫差大战,结果惨败,被吴国俘虏为奴。范蠡跟随勾践一起在吴国为奴三年。之后,范蠡等终于帮助勾践,通过贿赂吴王的宠臣伯嚭,使吴王不听伍子胥之忠言放勾践回越国。回越以后,大夫范蠡与文种帮助越王共同制定了兴越灭吴的策略。勾践卧薪尝胆，东山再起，成为春秋末期最后一个霸主。

在勾践复国的过程中，文种同样功不可没。当初越王勾践因为不听文种的劝阻，在条件不成熟的情况下一意孤行率兵抗吴，才惨败亡国。战败之后文种并没有抛弃勾践，而是忍辱负重在吴国为勾践多方奔走，才使得吴王勉强答应不杀勾践。勾践本人被囚禁于吴国三年，在此期间文种代为掌管着越国的大小事务。他在国家沦丧之后力撑危局，鼓励人民发展生产，等待勾践回国。勾践回到越国后，文种向勾践提出了复国大计，勾践采纳了文种的策略，终于打败吴国，还被诸侯尊推为霸主。范蠡于是上书越王勾践请求告老还乡。勾践当然是再三劝留，但是范蠡去意已决，最终不辞而别。

范蠡临走之前送了一封信给文种，认为越王勾践这种人只能与他共患难，却不能与他共安乐。果然，勾践复国后很快就和功臣们疏远了关系，很多大臣纷纷辞官引退。文种于是称病不出，却没有离开越国的意思。勾践亲自去文种家里探望病情，离去时留下了一把宝剑。文种接过这剑一看大惊失色，因为当年吴王夫差就是用这把剑逼迫吴国的栋梁之臣伍子胥自刎的，勾践是希望自己步伍子胥的后尘啊！文种感叹不听范蠡的忠言，被迫拔剑自刎了。而范蠡却携带家眷到了齐国，隐姓埋名，过着自由自在的生活。

下篇 赢在孙子兵法

《孙子兵法》是中国古典军事文化遗产中的璀璨瑰宝，是中国优秀传统文化的重要组成部分。其内容博大精深，思想精邃富赡，逻辑缜密严谨。它成书于春秋末期，是我国古代流传下来的最早、最完整、最著名的军事著作，在中国军事史上占有重要的地位，其军事思想对中国历代军事家、政治家、思想家产生了非常深远的影响，在世界各地广为流传，享有"兵学圣典"的美誉。

第一章　作战察兵，国之大事

兵者，国之大事，死生之地，存亡之道，不可不察也。

【释义】

战争是国家的大事，是关系到多少人生死和国家存亡的大问题，不能不慎重对待。

战争是关系到人民生死和国家存亡的大事，以战略的高度对军事问题进行认真的分析研究，体现了孙子对战争问题的慎重态度和高屋建瓴的战略眼光。不察兵而轻易发动战争是危险的，轻者丧师杀将，重者失地灭国。因此，孙子在篇首就提出了"兵者，国之大事，死生之地，存亡之道，不可不察也"。在这里不仅提到了察兵之于战的重要性，同时也包含了慎战的思想。

春秋时期，宋国国力平平，却一心想做一方霸主，且不断攻击比自己更弱小的国家。一次宋国国君宋襄公领兵攻打郑国，郑国向楚国求援。楚国派大将成得臣率兵向宋国发起攻击。宋襄公只好从郑国撤兵，双方的军队在泓水相遇。

宋国大司马公孙固，知道宋国不是楚国的对手，规劝宋襄公道："楚国是大国，兵多将广，土地辽阔，实力雄厚，我们宋国国力弱小，兵微将寡，哪里能与它相匹敌呢？还是跟楚国议和吧！"

宋襄公认为，楚军虽说兵力强大，但仁义不足；我们宋国兵力不足，但仁义有余，仁义之师是战无不胜的。宋襄公命人做了一面大旗，高高地竖了起来，旗上绣着"仁义"两个醒目的大字。

楚国军队强渡泓水（河南省柘城县西北），宋公子目夷看到楚军一半渡过河来，一半还在河中，就劝宋襄公下令进攻，乘楚军尚无立足之处打他一个措手不及，宋襄公却说："寡人一向主张'仁义'，敌人尚在渡河，我军趁此进攻，那还有什么'仁义'可言？"

楚军终于渡过了泓水，开始布阵。公子目夷又劝宋襄公："楚军现在队列未成，较为混乱，我们赶快进攻，还有希望获胜，赶快下令吧！"宋襄公指着迎风飘扬的"仁义"大旗说："我们是'仁义'之师，怎么能趁敌人布阵未稳就发起进攻呢？"宋军由此坐失战机。

楚军布好阵后，以排山倒海之势向宋军冲杀过来。宋军一战即溃。楚军乘势冲杀，宋军丢盔弃甲，四处奔逃，宋襄公也被一箭射中大腿，"仁义"大旗则成了楚军的战利品。

宋襄公惨败后，还不服气，他对公子目夷说："仁义君子作战，重在以德服人，敌人受了重伤，不应再去伤害他；看见头发花白的敌人，也不应抓他做俘虏。敌人还没有摆好阵，我们就击鼓进军，这不能算是堂堂正正的胜利。"

公子目夷长叹一口气，说："我们宋国兵微将寡，根本就不是楚国的对手，本不应该跟楚国交战。可是您却非要交战不可。一旦交战，就应抓住战机，痛击敌人，可是你却讲什么仁义，就让敌人抓我们做俘虏好了。"宋襄公无言以对。第二年五月，宋襄公因伤势过重，久治不愈而死去。

宋襄公在不了解敌人和自己的情况下就勉强用兵，用兵之后又不断丧失战机，完全无视战争规律。孙子曰"兵者国之大事，死生之地，存亡之道"，即是讲察兵、用兵的重要性。宋襄公无视自己的力量，先伐楚之盟国郑国，引来楚国重击，又不听劝谏，滥讲仁义，导致兵败身死，实在是不察之罪也。

第二章　制胜之法

故经之以五事，校之以计，而索其情：一曰道，二曰天，三曰地，四曰将，五曰法。道者，令民于上同意，可与之死，可与之生，而不危也；天者，阴阳、寒暑、时制也；地者，远近、险易、广狭、死生也；将者，智、信、仁、勇、严也；法者，曲制、官道、主用也。凡此五者，将莫不闻，知之者胜，不知之者不胜。

【释义】

讨论战争的形势，要通过敌我双方的分析比较，得到详情，来预测战争胜负的可能性。一是道，二是天，三是地，四是将，五是法。道，指君主和民众目标相同，意志统一，可以生死与共，而不会惧怕危险；天，指阴阳、寒暑、四季、昼夜的更替；地，指地势的高低，路程的远近，地势的险要、平坦与坎坷，战场的广阔、狭窄，是生地还是死地等地理条件；将，指将领足智多谋，赏罚有信，对士兵真心关爱，勇敢果断，军纪严明；法，指组织结构，责权划分，人员编制，管理制度，资源保障，物资调配。对这五个方面，将领都不能不做深刻了解。了解就能胜利，否则就不能胜利。

孙子提出了获取战争胜利所必须具备的五个基本条件，即"道"

"天""地""将""法",也就是天时、地利、人和、将领才能和法令制度。通过对敌我双方在这五种客观条件方面的对比,判断战争的胜负。

孙子所言"道"除了国家政治的清明,百姓对国君的拥护,还包括战争的正义性和非正义性,战争的正义性在外交上可获得的支持。

春秋战国时期,燕昭王继位后,发誓要建立一个强大的燕国,他四处招贤纳士,却总也物色不到合适的人才。这时有人建议他向老臣郭隗请教。为了表示诚意,燕昭王亲自登门拜访郭隗,他说:"齐国在我们国家内乱的时候侵略我们,我永远也忘不了这个奇耻大辱。可是现在我们国家实力不够强,不能报仇,需要广招贤才来充实国力,如果有这样的贤才,我甚至愿意亲自侍奉他。您可不可以推荐一些人才给我呢?"

郭隗说:"如果您真的想广招人才,或许可以从我做起,让全天下的人都看到,像我这样才能低微的人都能受到如此礼遇,更何况那些才能见识远超过我的人呢?这样一来,四方志士自然都会汇聚在您的麾下了。"燕昭王采纳了郭隗的建议,他修建了一座金碧辉煌的宫殿,在一个黄道吉日以隆重的仪式恭请郭隗搬入宫殿居住。不但如此,燕昭王还每天都恭敬地去探望郭隗。同时,燕昭王在沂水之滨筑起了一座高台,在高台上放置黄金数千两,用以招徕天下贤士,这些黄金就是他送给贤士的聘礼。而这座高台便是鼎鼎有名的"黄金台"。燕昭王求贤若渴、礼贤下士的名声不胫而走,远近各国的能人志士纷纷赶赴燕国。乐毅是春秋时期魏国名将乐羊的后代,喜好兵法,文武双全,治军严格,用兵有方。他听说燕昭王招贤纳士,于是投奔燕昭王,被封为亚卿。乐毅日夜操练军队,演习攻防战术,很快就训练出一支攻必克、守必固的精锐部队。燕昭王向乐毅请教复仇之计,乐毅说:"齐国是大国,土地辽阔,人口众多,单凭我们燕国的力量是不足的。如果大王一定要伐齐,最好联合赵、魏、楚三国共同出兵。赵、魏、楚三国对齐国恨之入骨,大王派使者去,他们肯定会出兵。"

齐国国君齐湣王依仗齐威王创下的霸业,骄横无比。向南击溃楚军,向西打败赵军、魏军,将自己的地盘扩大了一千多里。楚、赵、魏对齐湣王极为仇视,一听说要伐齐,立刻响应燕昭王的号召,积极派兵参战。

燕昭王任命乐毅为上将军,统率全国军队。这时,韩国也主动加入了攻伐齐国的行列。于是,乐毅统率燕、赵、韩、魏、楚五国军队浩浩荡荡杀向齐国,在济水将齐军打得一败涂地。

济水一战后,赵、楚、韩、魏各自夺得了齐国的数座城池,就不再进攻了。乐毅独自率领精锐的燕国部队长驱直入,势如破竹,一连攻下齐国七十余座城池。齐军望风而降,齐湣王外逃被杀。乐毅将齐国的珍宝财物和齐王祭祀用的礼器都运回燕国。

燕昭王亲自到济水边上慰劳燕军、犒赏将士,并封乐毅为昌国君,以昌国为其领地。

燕昭王重用乐毅几乎灭掉齐国,首先一个条件就是具备了"道"。当时齐湣王骄横无比,接连攻打赵、魏、楚等国,乘燕国内乱进行入侵,几乎灭燕。各国都非常痛恨他。燕昭王为雪入侵之仇,励精图治,重用贤才,整军经武,使燕国渐渐强大起来,又重用乐毅为统帅。在以乐毅为帅伐齐的战争中,燕国可谓占据"道""将""法"之三大法宝,取胜是在预料之中的。

第三章　攻其不备，出其不意

　　计利以听，乃为之势，以佐其外。势者，因利而制权也。兵者，诡道也。故能而示之不能，用而示之不用，近而示之远，远而示之近。利而诱之，乱而取之，实而备之，强而避之，怒而挠之，卑而骄之，佚而劳之，亲而离之，攻其无备，出其不意。此兵家之胜，不可先传也。夫未战而庙算胜者，得算多也；未战而庙算不胜者，得算少也。多算胜少算，而况于无算乎！吾以此观之，胜负见矣。

【释义】

　　听从了有利于克敌制胜的计策，还要创造一种态势，作为协助我方军事行动的外部条件。势就是按照我方建立优势、掌握战争主动权的需要，根据具体情况采取不同的相应措施。用兵作战，就是诡诈。因此，有能力而装作没有能力，实际上要攻打而装作不攻打，欲攻打近处却装作攻打远处，攻打远处却装作攻打近处。对方贪利就用利益诱惑他，对方混乱就趁机攻取他，对方强大就要防备他，对方暴躁易怒就可以撩拨他怒而失去理智，对方自卑而谨慎就使他骄傲自大，对方体力充沛就使其劳累，对方内部亲密团结就挑拨离间，要攻打对方没有防备的地方，在对方没有料到的时机发动进攻。这些都是军事家克敌制胜的诀窍，不可先传泄于人也。在未战之前，经过周密的分析、比较、谋划，如果结论是我方占据的有利条件多，有八九成的胜利把握；或者如果结论是我方占据的有利条件少，只有六七成的胜利把握，则只有前一种情况在实战时才可能取胜。如果在战前干脆就不做周密的分析、比较，或分析、比较的结论是我方只有五成以下的胜利把握，那在实战中就不可能获胜。仅根据庙算的结果，不用实战，胜负就显而易见了。

孙子提出了"兵者，诡道也"的论断，在用兵作战中，若是死搬教条、墨守成规便很难制胜，只有善于用奇谋才能制胜。

刘备从孙权手中获得荆州以后，据为己有，派关羽镇守，打算永远占据。关羽蔑视东吴，与孙权交恶，于是孙权决定夺回荆州。他派大将吕蒙承担重任。吕蒙挺军荆州，他表面上拉拢关羽，暗中却在筹划如何攻克荆州。

关羽也考虑到吕蒙可能要发动袭击，因此在自己北上攻打曹军樊城的时候，留下一部分兵力防守在公安、南郡一带，又在长江沿线部署监控岗哨。吕蒙看到这种情况，知道关羽意在防备，一时难以下手。因自己经常有病，便以治病为借口，建议孙权把他调回建业，并且分散一些他的士兵，借以消除关羽在荆州的戒备，然后再寻求攻取荆州的机会。

吕蒙假装生病回到建业的时候，陆逊去拜望他，直率地把自己的看法告诉了吕蒙。他说，关羽智谋超群，威震华夏，因此骄傲自大，目空四海。目前，他在军事上节节胜利，更加趾高气扬。他听到你因病离职，一定会产生轻敌思想。我们就利用这个机会，出其不意，袭取荆州。

吕蒙同他的意见暗合。吕蒙向吴王孙权推荐陆逊代替自己的职位。他向孙权说，陆逊才干出众，可担当重任。他年纪轻，名望不高，正好以此来麻痹关羽。

于是孙权就任命陆逊为副将，代替吕蒙驻守。陆逊一到吴军驻守的陆口，就写信给关羽，措辞十分恭敬，把关羽围攻樊城取得的一连串胜利比作历史上有名的晋楚"城濮之战"和韩信"破赵之战"。信里陆逊又谦虚地自称书生，没有经验，恭请关羽照拂。

关羽果真落进陆逊的圈套，自以为荆州安若泰山了。他放心大胆地抽调一部分守军，加紧对樊城的攻打。

正当关羽在樊城同曹军发生激烈战斗的时候，吕蒙率领大军从长江逆流而上。为了蒙蔽关羽的守军，吕蒙的战船冒充商船，兵士都躲在船舱里，摇船摆橹的兵士都穿上白色的服装，假扮成商人。战船悄悄地沿江前进。关羽在长江沿岸布置的岗哨未及提防，都被吴军挨个拔掉。

吕蒙的战船不分白天黑夜前进，一直开到南郡、公安。突然袭击，蜀军将领来不及应战，开城投降。就这样，没有经过战斗，吕蒙就袭取了荆州的首府江陵。

第四章　兵贵神速，速战速决

凡用兵之法，驰车千驷，革车千乘，带甲十万，千里馈粮。则内外之费，宾客之用，胶漆之材，车甲之奉，日费千金，然后十万之师举矣。其用战也，胜久则钝兵挫锐，攻城则力屈，久暴师则国用不足。夫钝兵挫锐，屈力殚货，则诸侯乘其弊而起，虽有智者不能善其后矣。故兵闻拙速，未睹巧之久也。夫兵久而国利者，未之有也。故不尽知用兵之害者，则不能尽知用兵之利也。

【释义】

要兴兵作战，需要做的物资准备有，驰车千辆，重车千辆，全副武装的士兵十万，并向千里之外运送粮食。那么前后方的军内外开支，招待使节、策士的用度，用于后勤保障，战车保养、甲胄的支出等，每天要消耗千金。按照这样的物资后勤准备之后，十万大军才可出发上战场。军队作战就要求速胜，如果战事拖得很久则军队必然疲惫，挫失士气。一旦攻城，则兵力将会耗尽，长期在外作战还必然导致国家财力受损。如果军队因久战疲惫不堪，锐气受挫，军事实力下降，国内物资枯竭，其他国家必定趁火打劫。这样，即使足智多谋也无良策来挽救危机了。在实际作战中，只听说将领缺少良好策略难以速胜,却没有见过高明的军事指挥者巧于持久作战的。战争旷日持久而有利于国家的事,是从来没有过的。所以,不能详尽地了解用兵的坏处,就不能全面地了解用兵的好处。

孙子首先论述了战争必须以速战速决为原则的客观依据。他认为,旷日持久的劳师远征会造成国家财力的巨大损耗,给老百姓带来难以忍受的沉重负担,而且很容易在战争进程中造成两线作战甚至多线作战的不利形势。针对这些不利因素,孙子提出了在战略进攻中争取速战速决的方法,避免旷日持久作战;从敌方夺取战略物资;最后是优待俘虏、奖励缴获。通过这些方法达到速战速决、以战养战的目的。

东汉末年,袁绍兵败官渡,不久即死去。他的两个儿子袁熙、袁尚投奔了乌桓的蹋顿单于,伺机东山再起。曹操为巩固北部边疆,亲自征讨乌桓。但由于军队数量庞大,粮草辎重多,行军速度缓慢,走了一个多月才到达易城(今河北雄县)。

谋士郭嘉对曹操说:"兵贵神速。只有迅速接近敌人,深入敌境,打敌人一个措手不及,才能取胜。像我们这样行军缓慢,敌人以逸待劳,做好战争准备,我们怎么能轻易地打败敌人呢?"

曹操接受了郭嘉的意见,命令大军停止前进,亲率几千精兵,日夜兼程,在崎岖的山路中行军五百多里,突然出现在蹋顿单于的王庭柳城,与蹋顿单于的骑兵遭遇。

蹋顿单于没有防备,措手不及。战斗空前惨烈,曹操的几千人马死伤大半,但蹋顿单于及其部下将领死伤更多,蹋顿单于战死,群龙无首,被曹军打败。袁熙、袁尚听到蹋顿单于阵亡的消息,带领随从逃出乌桓,投奔了辽东太守公孙康,不久便被公孙康杀死。曹操北部边疆从此安定。

曹操非常推崇《孙子兵法》，深刻体会到"兵贵胜，不贵久"的道理。速战速决平定乌桓，体现其作战雷霆万钧、临危不乱，因此能够消灭蹋顿单于。平定乌桓既未需率领大兵团，重复调用粮草，也解决了大军缓慢行军延误战机的可能，轻骑而动，其速战作风，堪为经典。

第五章　智将务食于敌

故智将务食于敌，食敌一钟，当吾二十钟；芑杆一石，当吾二十石。故杀敌者，怒也；取敌之利者，货也。车战得车十乘以上，赏其先得者而更其旌旗。车杂而乘之，卒善而养之，是谓胜敌而益强。故兵贵胜，不贵久。故知兵之将，民之司命。国家安危之主也。

【释义】

明智的将领，一定要在占领国解决粮草，从敌国搞到一钟的粮食，就相当于从本国启运时的二十钟；在当地取得饲料一石，相当于从本国启运时的二十石。所以，要使士兵拼死杀敌，就必须鼓舞士气，激励士兵；要使士兵勇于夺取敌方的军需物资，就必须以缴获的财物做奖赏。所以，在车战中，抢夺十辆战车以上的，就奖赏最先抢得战车的士兵。而夺得的战车，要立即换上我方的旗帜，把抢得的战车编入我方车队。要善待俘虏，使他们有归降之心。这就是战胜敌人而使自己强大的方法。作战最重要的是速胜，最不宜的是旷日持久。真正懂得用兵之道、深知用兵利害的将领，掌握着民众的生死，主宰着国家的安危。

在战争中，如何解决军队的粮草及其他消耗同样是制胜的关键。

以战养战，消耗敌人的给养。在战争中未必都能"务食于敌"，但是若能消耗敌人的给养，同样是对敌人的巨大打击。诸葛亮草船借箭和周亚夫断敌粮道的做法，都不失为"食于敌"的经典。

西汉初期，汉景帝即位不久，吴王刘濞勾结早已蓄谋叛乱的六位诸侯王，统率二十万大军，一路杀向京城。汉景帝任命太尉周亚夫为前军统帅，进行平叛。周亚夫情知战事危险，只带了少数亲兵，驾着快马轻车，匆匆向洛阳赶去。行至灞上，周亚夫得到密报：刘濞收买了许多刺客，在京城至洛阳的崤渑之间设下了埋伏，准备袭杀朝廷派往前线的大将。

周亚夫绕道平安到达洛阳。又进兵睢阳，占领了睢阳以北的昌邑城，深挖沟，高筑墙，断绝了吴王北进的道路。随后，又攻占淮泗口，断绝了刘濞的粮道。

叛军北进受阻之后，便掉头倾全力攻打睢阳城。但睢阳城非常坚固，而且城内有充足的粮食和武器。守将刘武得到了周亚夫的配合，率汉军拼死守城，刘濞在睢阳城下连遭挫败后，又转而去攻打昌邑，以求一战。

周亚夫为了消耗刘濞的给养，坚守壁垒，拒不出战，刘濞无可奈何。旷日持久，刘濞因粮道被断绝，军需粮草紧张，军心动摇，不禁恐慌。他调集全部精锐，孤注一掷，向周亚夫坚守的壁垒发起了大规模的强攻，战斗异常激烈。

叛军在强攻中采取了声东击西的战略，他表面上是以大批部队进攻汉军壁垒的东南角，实际上将最精锐的军队埋伏下来准备攻击壁垒的西北角。但是，周亚夫识破了刘濞的阴谋，当坚守东南角的汉军连连告急请派援兵时，周亚夫不但不增兵东南角，反而把自己的主力调到西北角。果然，刘濞在金鼓齐鸣之中，突然一摆令旗，倾其精锐，以排山倒海之势向壁垒西北角发起猛攻，而且一次比一次猛烈。

激战从白天一直打到夜晚，刘濞的军队在壁垒前损失惨重，士气丧失殆尽，加之粮食已经耗尽，只好撤退。周亚夫乘胜追击，叛军一败涂地。刘濞见大势已去，带着儿子和几千亲兵逃往江南，不久就被杀。周亚夫乘胜进兵，扫平其余六国。楚王、胶西王、胶东王、淄川王、济南王和赵王先后自杀身亡，"七国之乱"平息。

周亚夫作战之初，首先抓住了制胜的关键，切断敌军的后路及粮草，再消耗它的锐气，运用战术得当，因此获得大胜。

第六章　伐谋伐交

夫用兵之法，全国为上，破国次之；全军为上，破军次之；全旅为上，破旅次之；全卒为上，破卒次之；全伍为上，破伍次之。是故百战百胜，非善之善也；不战而屈人之兵，善之善者也。故上兵伐谋，其次伐交，其次伐兵，其下攻城。攻城之法，为不得已。

【释义】

用兵的方法，使敌人举国臣服是上策，用武力击破敌国就次一等；使敌人全军降服是上策，击败敌军就次一等；使敌人全旅降服是上策，击破敌旅就次一等；使敌人全部士兵降服是上策，击破敌卒就次一等；使敌人全伍降服是上策，击破敌伍就次一等。所以，百战百胜，算不上是最高明的；不通过交战就降服全体敌人，才是最高明的。因此，上等的军事行动是用谋略挫败敌方的战略意图和战争行为，其次就是用外交策略战胜敌人，再次是用武力击败敌军，最下之策是攻打敌人的城池。攻城，是不得已而为之，是没有办法的办法。

"伐谋"就是打破敌人的战略企图，在战略上战胜敌人；"伐交"就是在外交上争取盟友、孤立和战胜敌人。这两者都超越了一般军事行动而属于政治战略的范畴。伐兵和攻城则纯属军事行动。孙子认为必须尽量争取不战而胜的最佳局面，而竭力避免屯兵坚城、久攻不下、伤亡惨重的灾难性后果。

春秋时期，地处南方的楚国日益强盛，它控制了周边许多小的诸侯国，并向黄河流域发展，攻占了申、息、邓等地，并使蔡国臣服。楚成王时期，齐国崛起，齐桓公称霸中原，遏制了楚国向北扩张。齐桓公死后，齐国内乱，霸业衰落，楚国乘势向黄河流域扩展，控制了众多的小诸侯国，期望成就霸业。

正当楚国图谋中原霸业时，在北方的晋国也逐渐强盛起来。晋公子重耳在秦穆公的帮助下回国即位，称晋文公。晋文公即位后，实施了一些改革措施和外交活动，逐步具备了争夺中原霸权的强大实力。

晋文公即位之时，周襄王遭到狄人的攻击，王位被夺。晋文公及时抓住了这个尊王的好机会，平定了周天子的内乱，护送周襄王回到洛邑。周襄王以晋文公勤王有功，便赐以大片土地。晋文公于是苦心经营这一地区，谋求争霸中原。由于晋文公抓住了"尊王"这块招牌，在诸侯中的地位大为提高。晋国势力的迅速发展，对楚国形成了威胁。晋楚中原争霸，不可避免。因此，晋、楚之间势如水火。

公元前633年，楚成王率领楚、郑、陈、蔡等多国军队进攻宋国，围困宋都商丘，宋国的司马公孙固到晋国告急求援。于是晋文公和群臣商量是否出兵及如何救宋。大夫先轸力劝晋文公出兵救宋，但是宋国不靠近晋国，劳师远征救宋，必须经过楚国的盟国曹、卫；而且楚军实力强大，正面交锋恐怕无法取胜。狐偃针对这一情况，建议晋文公先攻曹、卫两国，那时楚国必定移兵相救，那样宋之围便可解除。晋文公采纳了这一建议。尽管如此，晋国感到真正的敌人是楚，要对付如此强大的敌人，必须进行充分的准备。晋国扩充了军队，任命了一批优秀的将领，积极备战。

公元前632年，晋文公把军队集中在晋国和卫国的边境上，借口当年曹共公侮辱他，要求假道卫国进攻曹国，遭到卫国拒绝。晋文公迅速把军队调回，出其不意地直捣卫境，迅速占领了整个卫国。晋军接着又向曹国发起了攻击，很快攻克了曹国都城陶丘，俘虏了国君曹共公。

晋军攻占了曹、卫两国，但楚军却依然用全力围攻宋都商丘，宋国再次向晋告急求救。晋文公开始感到左右为难了。不出兵救宋吧，宋国国力不支，一定会降楚绝晋；出兵吧，自己兵力单薄，没有必胜的把握，何况直接与楚发生冲突，会背忘恩负义之名。这时，先轸分析了楚与秦、齐两国的矛盾，建议让宋国表面上同晋国疏远，然后由宋国出面，送一份厚礼给齐、秦两国，由他们去请求楚国撤兵。晋国则把曹共公扣押起来，把曹、卫的一部分土地赠送给宋国。楚国同曹、卫两国本是盟国，看到曹、卫的土地为宋所占，必定会拒绝齐、秦的劝解。这样楚国就会触怒齐、秦，他们就会站在晋国一边，出兵与楚作战。晋文公对此计十分赞赏，马上施行。楚国果然中计，拒绝了齐、秦的调停。而齐、秦见楚国不听劝解，大为恼怒，便出兵助晋。齐、秦的加盟，使晋、楚双方的力量对比发生了根本性的变化。

楚成王看到齐、秦与晋联合，形势不利，就令楚军从前线撤退到楚地申，以防秦军出武关袭击它的后方。同时命成守谷邑的大夫申叔迅速撤离齐国，命子玉将楚军主力撤出宋国。子玉对楚成王回避晋军的方法很不满意，他对成王说："您过去对晋侯那么好，他明明知道曹、卫是楚的盟国，与楚的关系密切，还故意去攻打它。"楚成王说："晋侯在外流亡了十九年，遇到了很多困难，而最后终于能够回国取得君位。他尝尽艰难，充分了解民情，这是上天给他的机会，我们是打不赢他的。"但是子玉却骄傲自负，听不进楚成王的劝告，仍要求楚王允许他与晋军决战，并请求增加兵力。楚成王勉强同意了他的请求，但不肯给他多增加兵力，只派了少量兵力去增援他。于是，子玉以联军元帅身份向陈、蔡、许、郑四国诸侯发出命令，相约共同起兵。他的儿子也带了六百家兵相随。子玉自率中军，以陈、蔡两国军队为右军，许、郑两国军队为左军，直向晋军扑去。

子玉逼近晋军后，为了寻求决战的借口，派使者宛春故意向晋军提出了一个"休战"的条件：晋军必须撤出曹、卫，让曹、卫复国，楚军则解除对宋都的围困，从宋国撤军。中军元帅先轸提出一个将计就计的对策，以曹、卫与楚国绝交为前提，私下答应让曹、卫复国；同时，扣押楚国的使者，以激怒子玉来战。晋文公采纳了他的计策。子玉得知曹、卫叛变，使者又被扣，遂恼羞成怒，倚仗着楚国的优势兵力，贸然带兵扑向晋军，寻求决战。

晋文公见楚军来势凶猛，就命令晋军后撤，以避开它的锋芒。属下将领不理解文公的意图，问文公："没有交手，为什么就后退呢？"文公说："我以前在楚国受楚成王恩待，曾对楚王说过，如果晋楚万一发生了战争，我一定退避三舍。我要遵守诺言。"实际上，晋军的"避退三舍"，是晋文公图谋战胜楚军的重要策略。晋军"避退三舍（九十里）"后，退到了卫国的城濮，这里距离晋国比较近，后勤补给、供应方便，又便于齐、秦、宋各国军队会合；在客观上，"避退三舍"也能起到麻痹楚军、争取舆论同情、诱敌深入、激发晋军士气等多重作用，将晋军的不利因素变为了有利因素，为夺取决战胜利奠定了基础。

晋军退到城濮，齐、秦、宋各国的军队也陆续到达城濮和晋军会师。晋文公检阅了军队，认为可以与楚军决战。这时，楚军追了九十里也到达城濮，随后就派使者向晋文公挑战。晋文公很有礼貌地派了晋使回复子玉说:"晋侯只因不敢忘记楚王的恩惠,所以退避到这里。既然这样仍得不到大夫的谅解,那也只好决战一场了。"于是双方约定了开战的时间。

公元前632年四月,晋楚两军决战开始。晋军针对楚军中军强大,左右两翼薄弱的部署特点,以及楚军统帅子玉骄傲轻敌、不谙虚实的弱点,发起了有针对性的攻击。晋下军将领胥臣把驾车的马蒙上虎皮,出其不意地攻击楚军右翼——陈、蔡军。陈、蔡军遭到这一突然而奇异的进攻,惊慌失措,弃阵逃跑,楚军右翼就这样迅速崩溃了。

晋军同时也把进攻的矛头指向楚军左翼。晋上军主将狐毛在指挥车上故意竖起两面镶有彩带的大旗,非常醒目,远远就可望见。狐毛和许、郑联军一接触,就故意败下阵来。在逃跑时,在车的后面拖了很多树枝,树枝刮起的尘土,遮天蔽日,给在高处观阵的子玉造成了错觉,以为晋军溃不成军了,于是急令左翼部队奋勇追杀。晋中军元帅先轸等见楚军已经中计,便指挥中军横击楚军,狐毛回军夹击楚左军。楚左军退路被切断,陷入重围,大部被歼。子玉见左右两翼军都已失败,急忙下令收兵,才保住中军,退出战场。城濮之战最终以晋胜楚败而告终。追其原因是晋军善于伐交伐谋,使楚军陷于孤军作战的境地,最终溃不成军。

第七章　不战而屈人之兵

故善用兵者，屈人之兵而非战也，拔人之城而非攻也，毁人之国而非久也，必以全争于天下，故兵不顿而利可全，此谋攻之法也。故用兵之法，十则围之，五则攻之，倍则分之，敌则能战之，少则能逃之，不若则能避之。故小敌之坚，大敌之擒也。

【释义】

善用兵者，不通过打仗就使敌人屈服，不通过攻城就使敌城投降，摧毁敌国不需长期作战，一定要用"全胜"的策略争胜于天下，从而既不使国力兵力受挫，又获得了全面胜利的利益，这就是谋攻的方法。所以，在实际作战中运用的原则是：我十倍于敌，就实施围歼，五倍于敌就实施进攻，两倍于敌就要努力战胜敌军，势均力敌则设法分散各个击破之。兵力弱于敌人，就避免作战。所以，弱小的一方若死拼固守，那就会成为强大敌人的俘虏。

晋国、秦国以郑国曾对晋文公无理为借口，联合围攻郑国。因为郑国曾对晋文公无礼，并且在与晋国结盟的情况下又与楚国结盟，背叛了晋国。晋军驻扎在函陵，秦军驻扎在汜南。佚之狐对郑文公说："郑国处于危险之中，如果能派烛之武去见秦国国君，一定能说服他们撤军。"郑文公同意了。烛之武推辞说:"我年轻时,尚且不如别人,现在老了,做不成什么事了。"郑文公说:"我早先没有重用您,现在危急之中求您,这是我的过错。然而郑国灭亡了,对您也没有好处啊!"烛之武就答应了。

晚上郑人用绳子将烛之武从城上放下去,去见秦穆公,烛之武说:"秦、晋两国围攻郑国,郑国已经知道要灭亡了。如果灭掉郑国对您有好处,那就烦劳您手下的人了。然而,越过晋国把远方的郑国作为秦国的东部边境,您知道是困难的,您何必要灭掉郑国而增加邻邦晋国的土地呢?邻邦的国力雄厚了,您的国力也就相对削弱了。假如放弃灭郑的打算,而让郑国作为您秦国东道上的主人,秦国使者往来,郑国可以随时供给他们所缺乏的东西。对您秦国来说,也没有什么害处。况且,您曾经对晋君有恩惠,他也曾答应把焦、瑕二邑割让给您。然而,他早上渡河归晋,晚上就筑城拒秦,这是您知道的。晋国是永远不会满足的。现在它已把郑国当作东部的疆界,又想扩张西部的疆界。如果不侵损秦国,晋国从哪里取得它所企求的土地呢?秦国受损而晋国受益,您仔细想想吧!"秦穆公同意烛之武的观点,就与郑国签订了盟约。并派杞子、逢孙、杨孙帮郑国守卫,自己率军回国。子犯请求晋文公下令攻击秦军。晋文公说:"不,假如没有秦穆公的支持,我就不会有今天。借助了别人的力量而又去损害他,这是不仁义的;失掉自己的同盟国,这是不明智的;以混乱代替联合一致,这是不勇武的。我们还是回去吧!"晋军也离开了郑国。

烛之武抓住秦晋之间的矛盾心理,从而不用出兵,就避免了国家的危亡,并且使敌军退去,可谓不战而屈人之兵的典型。

第八章　不胜则守，可胜则战

昔之善战者，先为不可胜，以待敌之可胜。不可胜在己，可胜在敌。故善战者，能为不可胜，不能使敌之必可胜。故曰：胜可知，而不可为。不可胜者，守也；可胜者，攻也。守则不足，攻则有余。善守者藏于九地之下，善攻者动于九天之上，故能自保而全胜也。见胜不过众人之所知，非善之善者也；战胜而天下曰善，非善之善者也。故举秋毫不为多力，见日月不为明目，闻雷霆不为聪耳。古之所谓善战者，胜于易胜者也。故善战者之胜也，无智名，无勇功，故其战胜不忒。不忒者，其所措胜，胜已败者也。故善战者，立于不败之地，而不失敌之败也。是故胜兵先胜而后求战，败兵先战而后求胜。善用兵者，修道而保法，故能为胜败之政。

【释义】

以前善于用兵作战的人，总是首先创造自己不可战胜的条件，并等待可以战胜敌人的机会。使自己不被战胜，其主动权掌握在自己手中；敌人能否被战胜，在于敌人是否给我们以可乘之机。所以，善于作战的人只能够使自己不被战胜，而不能使敌人一定会被我军战胜。所以说，胜利可以预见，却不能强求。敌人无可乘之机，不能被战胜，且防守以待之；敌人有可乘之机，能够被战胜，则出奇攻而取之。防守是因为我方兵力不足，进攻是因为兵力超过对方。善于防守的，隐藏自己的兵力如同在深不可测的地下；善于进攻的部队就像从天而降，敌不及防。这样，才能保全自己而获得全胜。预见胜利不能超过平常人的见识，算不上最高明；交战而后取胜，即使天下都称赞，也算不上最高明。正如举起秋毫称不上力大，能看见日月算不上视力好，听见雷鸣算不上耳聪。古代所谓善于用兵的人，只是战胜了那些容易战胜的敌人。所以，真正善于用兵的人，没有智慧过人的名声，没有勇武盖世的战功，而他既能打胜仗又不出任何闪失，原因在于其谋划、措施能够保证，他所战胜的是已经注定失败的敌人。所以善于打战的人，不但使自己始终处于不被战胜的境地，也决不会放过任何可以击败敌人的机会。打胜仗的军队总是在具备了必胜的条件之后才交战，而打败仗的部队总是先交战，在战争中企图侥幸取胜。善于用兵的人，潜心研究制胜之道，修明政治，坚持制胜的法制，所以能主宰胜败。

"不可胜者，守也；可胜者，攻也"的作战原则，强调不打则已，打则必胜，不打无把握之仗。孙子认为战争的胜负可以从敌我双方有形的客观条件对比中预料到，但不能超越客观条件企求胜利。

三国名将张辽在坚守合肥的战役中是深谙孙子"不可胜者，守也；可胜者，攻也"的道理，正是在这种思想的指导下，战守灵活使用，方才取得了胜利。

建安十四年（209），庐江人陈兰、梅成占据氐、六安反叛，对合肥形成威胁。曹操派于禁、臧霸等人讨伐梅成，命张辽督率张郃、牛盖等人讨伐陈兰。梅成见大军到来，假意投降，于禁因此撤兵。于禁一走，梅成就带着部队投奔陈兰，二人合军，转入氐山。氐山中有座天柱山，山势陡峭，道路险要狭窄，步行仅能勉强通过。张辽欲进攻，诸将说："兵少道险，恐怕难于深入。"张辽却说："此所谓一与一，勇者得前耳。"于是，到山下安营，挥军进攻，斩杀陈兰、梅成，尽俘其众，迅速稳定当地局势。事后，曹操评论众将的功劳，说："登天山，履峻险，以取兰、成，荡寇功也。"下令增加张辽的封邑，并授给他可以用来代理自己调动和指挥某一地区军队的符节。

建安十八年（213），曹操进攻孙权，退兵后，派张辽和乐进、李典等率领七千余人驻守合肥。后来，曹操征讨张鲁，给合肥护军薛悌送来一封手札，信封边上写有"贼至乃发"的字样。

建安十九年（214），孙权和吕蒙率大军亲征皖城。张辽闻讯，率援军而至，到夹石，闻皖城已失，只得退去。建安二十年（215）八月，孙权率十万大军围攻合肥，张辽等将领一起打开曹操的手札，上面写着："若孙权至者，张、李将军出战；乐将军守；护军勿得与战。"曹操此信，是根据众将的特点所写。他认为张辽、李典勇锐，便令出战；乐进持重，便令守卫；薛悌是文职官员，所以不令他参与战斗。

诸将因为敌我悬殊，犹豫不决。张辽说："曹公远征在外，比救至，彼破我必矣。是以教指及其未合逆击之，折其盛势，以安众心，然后可守也。成败之机，在此一战，诸君何疑？"乐进等人仍不说话。张辽大怒道："成败之机，在此一战。诸君若疑，我将独决之。"李典素与张辽不和，张辽怕其不从，李典慨然道："此国家大事，顾君计何如耳，吾可以私憾而忘公义乎！"于是张辽与李典在吴军围城尚未合拢之时，连夜招募敢死士兵，得八百人，杀牛设宴，激励士气，准备与敌决战。

第二天拂晓，张辽披甲持戟，率先冲锋陷阵，杀数十人，斩敌二员大将。大声呼喊自己姓名，一路如风，直冲至孙权麾下。孙权见状大惊，众将不知所措，孙权逃到一座小山上，用长戟自卫。张辽大声呵斥，要孙权走下高丘决战。孙权不敢与张辽交锋，动也不敢动。后来，孙权看清张辽人数不多，这才聚兵将张辽与其部众层层包围。张辽挥军左突右冲，奋力向前迅猛冲杀，终于打开一个缺口，率领几十名部下突围而出。其余尚未冲出包围圈的部众大声呼喊道："将军弃我乎。"张辽闻声，再次杀入重围，将被围的士兵救出。张辽所到之处，吴军望风披靡，无人敢挡。激战至中午，吴军屡战不胜，锐气大挫，张辽等安然还城。张辽回营后，加修守备工事，自此军心稳定，诸将对张辽也更加佩服。

孙权围合肥十余日而不克，害怕曹援军赶到，被迫撤军。部队均已上路，孙权和诸将在逍遥津北，张辽远远望见，乘机率步骑发动袭击。斩吴偏将军陈武，亏得甘宁、吕蒙等奋力抵挡，凌统才将孙权救出。凌统回军再战，左右尽死，凌统也受伤，估计孙权已脱险，方撤兵。孙权逃至逍遥津，时值河桥半拆，丈余无板，孙权急策所骑骏马腾越而过。时将军贺齐率三千人在逍遥津南接应，孙权才侥幸得免。这一仗，杀得江南人人害怕，据说听到张辽大名，江东小孩都不敢夜间啼哭。曹操善于用人，张辽也善于用兵。孙权率军围合肥，张辽虽知自己的兵力较少，但也深谙战守之道。可胜则战，不可胜则守，只要出现有利战机就迅速出动作战，结果逍遥津一战力挫吴军锐气，使其扬名天下。

第九章　优兵制胜

兵法：一曰度，二曰量，三曰数，四曰称，五曰胜。地生度，度生量，量生数，数生称，称生胜。故胜兵若以镒称铢，败兵若以铢称镒。称胜者之战民也，若决积水于千仞之溪者，形也。

【释义】

兵法曰：一是度，即估算土地的面积；二是量，即推算物资资源的容量；三是数，即统计兵源的数量；四是称，即比较双方的军事综合实力；五是胜，即得出胜负的判断。土地面积的大小决定物力、人力资源的容量，资源的容量决定可投入部队的数目，部队的数目决定双方兵力的强弱，双方兵力的强弱得出胜负的概率。获胜的军队对于失败的一方就如同用"镒"来称"铢"，具有绝对优势，而失败的军队对于获胜的一方就如同用"铢"来称"镒"。胜利者一方打仗，就像积水从千仞高的山涧冲决而出，势不可当，这就是军事实力的表现。

《孙子兵法》指出进攻时必须集中绝对优势的力量，像决于千仞高山之上的积水一样直泻而下、不可阻挡，以雷霆万钧之势战胜敌人。敌我双方军事实力的对比，兵力数量的多寡，是战争胜负的基础。孙子认为：凡是打胜仗的军队，总是能集中兵力，形成与敌"以镒称铢"的绝对优势；而打败仗的军队，往往是分兵作战，处于力量分散的劣势，从而被敌人集中兵力所破。因此，他强调指导战争，必须尽其所能，造成力量上的绝对优势。

萨尔浒之战，后金军在作战指挥上运用集中兵力、各个击破的方针，五天之内连破三路明军，歼灭明军约五万人，缴获大量军用物资，成为战争史上集中兵力各个击破的一个著名战例。

后金是居住在我国长白山一带女真族建立的政权。北宋末期，女真完颜等部建立金朝，从东北进入黄河流域，另一些部落仍留居东北。明朝初年，这些留居东北的部落分为海西、建州、东海三大部。明神宗万历十一年至十六年（1583—1588），建州女真首领努尔哈赤统一建州各部，又兼并了海西与东海诸部，控制了东临大海、西界明朝辽东都司辖区、南到鸭绿江、北至黑龙江以北外兴安岭等广大地区。努尔哈赤在统一女真各部过程中，确立了兼有军事、行政、生产三方面职能的八旗制度。八旗士兵出则为兵，入则为民。开始时只分黄、白、红、蓝四色旗帜。万历四十二年（1614）又增编镶黄、镶白、镶红、镶蓝四旗，共为八旗。后金把士卒百姓分编在八旗中，每旗出兵七千五百人，共有兵力六万余人，主要是骑兵。此外，还修筑了赫图阿拉等城堡，补充马匹和战具，屯田积粮，积极备战。万历四十四年（1616），努尔哈赤建立后金，年号天命，称金国汗，以赫图阿拉为都城。

万历四十六年（1618）正月，努尔哈赤趁明朝内部混乱、防务松弛的时机，决意对明用兵。二月，召集诸臣讨论用兵方略，决定先进攻辽东明军，后并叶赫部，最后夺取辽东。三月，加紧秣马厉兵，扩充军队，修治装具，派遣间谍，收买明将，刺探明军虚实。在经过认真准备和精心筹划之后，努尔哈赤在四月十三日誓师反明，率步骑两万发起进攻。次日，兵分两路，左四旗兵取东州堡、马根单堡，自率右四旗兵及八旗精锐向抚顺城进发。十五日清晨进围抚顺城，明军守将李永芳不战而降。明军在抚顺周围的堡寨均被后金军占领。四月二十一日从广宁出发的明总兵张承荫部一万援军赶至，双方展开激战。张承荫战死，明军死伤甚众。四月二十六日后金军撤回都城。五月，后金军再次进犯，攻克明军大小堡寨十一个。七月，后金军进围清河堡，攻陷清河堡。

至此，抚顺城以东诸堡，大都为后金军所攻占。后金军袭占抚顺、清河后，曾打算进攻沈阳、辽阳，但因力量不足，侧翼受到叶赫部的威胁。同时探知明王朝已决定增援辽东，便于九月主动撤退。经过一段休整，努尔哈赤又于次年正月亲率大军进攻叶赫部，给予其重大打击和破坏，使翼侧威胁消除，然后倾其全力进攻明朝。

大明统治者抽调重兵镇压人民起义，对辽东防务置之不顾。及至抚顺等地接连失陷，明神宗方感到事态严重，派杨镐为辽东经略，主持辽东防务。并决定出兵辽东，大举进攻后金。但由于辽东缺兵缺饷，不能立即行动，遂加派饷银二百万两，并从川、甘、浙、闽等省抽调兵力，增援辽东，又传檄朝鲜、叶赫出兵策应。经过半年多的准备，援军虽大部到达沈阳地区，但粮饷未备，士卒逃亡严重，将帅互相掣肘。明神宗唯恐师劳财匮，一再催促杨镐发起进攻。1619 年二月，明军抵达辽东的援军十万余人。杨镐的作战方针是：以赫图阿拉为目标，分进合击，四路会攻，一举围歼后金军。具体部署是：总兵马林率兵出开原，经三岔儿堡，入浑河上游地区，从北面进攻；总兵杜松率兵约三万人作为主力，由沈阳出抚顺关入苏子河谷，由西面进攻；总兵李如柏率兵两万五千人，由西南面进攻；总兵刘铤率兵一万余人，会合朝鲜军共两万余人，经宽甸沿董家江北上，由南面进攻。另外，总兵官秉忠率兵一部驻辽阳为机动部队；总兵李光荣率兵一部驻广宁，保障后方交通；杨镐坐镇沈阳指挥。原拟二十一日明军全线出击，但因天降大雪，改为二十五日。同时，限令明军四路兵马于三月初二会攻赫图阿拉。但四路明军出动之前，情报即为后金侦知，因而努尔哈赤得以从容应付。

努尔哈赤在攻破抚顺、清河之后，鉴于同明军交战路途遥远，需要在与明辽东都司交界处设一前沿基地，以备牧马歇兵。于是在吉林崖筑城屯兵，加强防御设施，派兵守卫，以控扼明军西来之路。努尔哈赤探知明军军事行动后，认为明军南北二路道路险阻，路途遥远，不能即至，宜先败其中路之兵，于是决定采取"凭尔几路来，我只一路去"的集中兵力、逐路击破的作战方针，将十万兵力集结于都城附近，准备迎战。二月二十九日，后金军发现刘铤所率明军先头部队自宽甸北上，西路杜松部出抚顺进关东，但进展过速，孤军深入，决定以原在赫图阿拉南驻防的五百兵马迟滞刘铤，趁其他几路明军进展迟缓之机，集中八旗兵力，迎击杜松部。三月初一，杜松部突出冒进，已进至萨尔浒，分兵为二，以主力驻萨尔浒附近，自率万人进攻吉林崖。努尔哈赤看到杜松部明军兵力分散，一面派兵增援吉林崖，一面亲率四万五千人进攻萨尔浒的明军。次日，两军交战，将过中午，天色阴晦，咫尺难辨，杜松军点燃火炬照明以便进行炮击，后金军利用杜松军点燃的火炬，由暗击明，集矢而射，杀伤甚众。此时，努尔哈赤乘着大雾，越过堑壕，拔掉栅寨，攻占明军营垒。明军主力被击溃，伤亡甚众。后金驻吉林崖的守军在援军的配合下，也打败了进攻之敌，杜松阵亡。明西路军全军覆没。

明军主力被歼后，南北两路明军形孤势单，处境极为不利。是夜，马林军进至尚间崖，得知杜松军战败，于是将军队分驻三处就地防御。马林为保存实力，环营挖掘三层堑壕，将火器部队列于壕外，骑兵继后。又命部将潘宗颜、龚念遂各率万人，分屯大营数里之外，以成掎角之势，并环列战车以阻挡敌骑兵驰突。努尔哈赤在歼灭杜松军后，即将八旗精锐转锋北上，迎击马林军。三月初三，后金军先以一部骑兵突袭龚念遂营阵，接着以步兵从正面发动冲击，破坏明军车阵，击败龚念遂所部。后金主力进攻尚间崖后，马林率军迎战。后金以骑兵一部迂回到马林军阵后，两面夹攻，大败马林军，夺占尚间崖。接着率兵击破潘宗颜部，北路明军大部被歼。

刘铤所率的南路军因山路崎岖，行动困难，未能按期进至赫图阿拉。也不知西路、北路已经被歼，仍按原定计划向北开进。努尔哈赤击败马林军后，立即移兵南下，迎击刘军。

为全歼刘铤所部，努尔哈赤采取诱其速进，设伏聚歼的打法。事先以主力在阿布达里岗布置埋伏，另以少数士兵冒充明军，穿着明军衣甲，打着明军旗号，持着杜松令箭，诈称杜松军已迫近赫图阿拉，要刘铤速进。刘铤信以为真，立即下令轻装急进。三月五日，刘铤先头部队进至阿布达里岗时，遭到伏击，刘铤战死。努尔哈赤乘胜攻击明军后续部队。

杨镐坐镇沈阳，虽然拥有一支机动兵力，却对三路明军未做任何策应。及至杜松、马林两军战败后，才慌忙调李如柏军回师。李如柏军行动迟缓，仅至虎拦岗。当接到撤退命令时被后金哨探发现，后金哨探在山上鸣锣发出冲击信号，大声呼噪。李如柏军以为是后金主力发起进攻，惊恐溃逃，自相践踏，死伤一千余人。

萨尔浒之战历时五天，以明军的失败、后金军的全面胜利而告终。在这场战争中努尔哈赤利用明军的弱点，抓住明军杜松军队的孤军深入，集中优势兵力，各个击破，把孙子"以镒称铢"的思想发挥到了极致。

第十章　兵出奇正，虚实莫辨

凡战者，以正合，以奇胜。故善出奇者，无穷如天地，不竭如江海。终而复始，日月是也。死而更生，四时是也。声不过五，五声之变，不可胜听也；色不过五，五色之变，不可胜观也；味不过五，五味之变，不可胜尝也；战势不过奇正，奇正之变，不可胜穷也。奇正相生，如循环之无端，孰能穷之哉！激水之疾，至于漂石者，势也；鸷鸟之疾，至于毁折者，节也。故善战者，其势险，其节短。势如扩弩，节如发机。纷纷纭纭，斗乱而不可乱；浑浑沌沌，形圆而不可败。乱生于治，怯生于勇，弱生于强。治乱，数也；勇怯，势也；强弱，形也。

【释义】

大凡作战，都是以正兵做正面交战，而用奇兵去出奇制胜。善于运用奇兵的人，其战法的变化就像天地运行一样无穷无尽，像江海一样永不枯竭。像日月运行一样，终而复始；与四季更迭一样，去而复来。宫、商、角、徵、羽不过五音，然而五音的组合变化，永远也听不完；红、黄、蓝、白、黑不过五色，但五种色调的组合变化，永远看不完；酸、甜、苦、辣、咸不过五味，而五种味道的组合变化，永远也尝不完。战争中军事实力的运用不过"奇""正"两种，而"奇""正"的组合变化，永远无穷无尽。奇正相生、相互转化，就好比圆环旋绕，无始无终，不能穷尽。湍急的流水所以能漂动大石头，是因为它产生巨大冲击力的势能；猛禽搏击雀鸟，一举可置对手于死地，是因为它掌握了最有利于爆发冲击力的时空位置，节奏迅猛。所以善于作战的指挥者，他所造成的态势是险峻的，进攻的节奏是短促有力的。势险就如同满弓待发的弩那样蓄势，节短正如搏动弩机那样突然。旌旗纷纷，人马纭纭，双方混战，战场上事态万端，但自己的指挥、组织、阵脚不能乱；混混沌沌，迷迷蒙蒙，两军搅作一团，但胜利在我把握之中。双方交战，一方之乱，是因为对方治军更严整；一方怯懦，是因为对方更勇敢；一方弱小，是因为对方更强大。军队治理有序或者混乱，在于其组织编制；士兵勇敢或者胆怯，在于部队所营造的态势和声势；军力强大或者弱小，在于部队日常训练所造就的内在实力。

　　孙子认为，善用奇正是有效发挥军队作战力量的关键，制敌取胜的枢机。所谓善于奇正，就是善于正确地处理奇兵与正兵的辩证关系，出奇制胜地打击敌人。奇正的运用，贵在掌握奇正的变化。孙子认为，奇正在战争中的运用是灵活多变的。他说："战势不过奇正，奇正之变，不可胜穷也。奇正相生，如循环之无端，孰能穷之哉！"又说："善出奇者，无穷如天地，不竭如江海。"强调奇正的运用不能拘泥呆板，必须根据情况的变化，或奇或正，彼此呼应，使敌人无法揣摩，才能达到出奇制胜的效果。

　　汉武帝元朔二年（前127），在西汉与匈奴的战争中，汉车骑将军卫青率军夺取河南地区的远程迂回作战采取了避实就虚的作战方式。

元朔元年（前128），匈奴骑兵先后掳掠辽西、渔阳、雁门等地。元朔二年春，又袭掠上谷、渔阳，杀掳吏民千余人。

在匈奴连续袭掠西汉东部边郡的情况下，汉武帝刘彻采取胡骑东进，汉骑西击，避实就虚的作战方针，令卫青收复河南地和秦长城，以保卫边郡和京师长安的安全。卫青率汉骑出云中，过西河向西迂回，再渡北河，直插高阙，又转军向南。卫青、李息率领精锐骑兵，敢于孤军深入，大胆地从匈奴白羊、楼烦二王与右贤王辖区中间的缝隙中穿过，行军千余里，切断了白羊、楼烦与匈奴腹地的联系，然后迂回包抄，直插陇西，打了敌人一个措手不及，对游牧于河南地区的匈奴白羊王、楼烦王部实施包围和突袭。遭到突然袭击的白羊王、楼烦王大惊失色仓皇北逃。汉军精骑乘势追杀共斩首两千三百余级，俘虏三千余人，获牛羊百余万头，夺取了河南地。又渡北河，大破匈奴蒲泥、符离两部，夺取了河北漠南地。

战后，西汉在河南地设立朔方郡，令苏建发十万人修筑朔方城（今内蒙古杭锦旗北），并修缮了秦朝时期蒙恬所筑长城及障塞。还从内地移民十万人至朔方，充实边防。河南之战，汉军取得了前所未有的大胜。首先，汉武帝积极主动的战略部署，当匈奴逞威于西汉东北边境时，他不为局部的失利所牵制，毅然采取避实就虚的战略，奇袭防御空虚的河南地，从而牢牢地把握了战争的主动权。其次，夺取河南地，还得益于远程奔袭和大迂回战术使用的成功。最后，汉军的胜利，还与白羊、楼烦二王所部人马不多、战斗力较弱有关。此战双方投入的兵力不多，规模也不算很大，但它在汉匈战争史上却是一个重要的转折点。西汉收复了战略要地河南地及秦蒙恬所筑长城，使得汉朝的北部边防线往北推移到黄河沿岸，为长安增添了一道屏障，从而在很大程度上解除了匈奴对关中地区的直接威胁。

卫青大破匈奴后，匈奴不甘心失败，采取了报复行动，袭掠代郡、雁门、定襄、上郡等地。右贤王率骑数攻汉边郡，并深入河南地，袭扰朔方郡，杀掳民众。

汉武帝刘彻遂决定对右贤王和匈奴单于发起反击。汉元朔五年（前124）至六年，汉武帝诏令反击漠南右贤王部和单于主力，派出十余万骑兵反击右贤王。车骑将军卫青率三万骑兵出高阙，并指挥游击将军苏建、强弩将军李沮、骑将军公孙贺、轻车将军李蔡等六将军俱出朔方，远程奔袭右贤王庭；同时，以大行李息、岸头侯张次公为将军率部出右北平，牵制左贤王部。

卫青军出塞六七百里，乘夜包围袭击右贤王。右贤王毫无防备，仅率数百骑逃走。卫青俘获其部众一万五千余，牲畜近一百万头。元朔六年春，武帝命大将军卫青率中将军公孙敖、左将军公孙贺、前将军赵信、右将军苏建、后将军李广、强弩将军李沮等六将军共十万余骑出定襄与匈奴作战。重创匈奴单于主力，斩首数千而还，休整于定襄、云中、雁门。同年夏，卫青率六将军再次出定襄击匈奴，斩杀和俘虏一万九千人。漠南之战，汉军在击破匈奴右贤王之后，利用匈奴单于庭右翼暴露的弱点，选择单于本部为打击目标。由于这次战役是继河南之战的第二次大规模战略反击战，汉军的行进方向被匈奴军队侦察到，在战前即已设下埋伏，严阵以待。汉军虽然未能达到预期目的，但经过激烈战斗，汉军仍然取得了胜利，关键原因是汉军凭借优势兵力和卫青、霍去病的出色指挥才能制胜。经过此役的打击，匈奴右贤王和单于的主力受到沉重打击，开始正视汉军的兵威，被迫退至大漠以北苦寒地区躲避汉军兵锋，这次战争大大巩固了河南地的安全。

第十一章　因势利导，出奇制胜

故善动敌者，形之，敌必从之；予之，敌必取之。以利动之，以卒待之。故善战者，求之于势，不责于人故能择人而任势。任势者，其战人也，如转木石。木石之性，安则静，危则动，方则止，圆则行。故善战人之势，如转圆石于千仞之山者，势也。

【释义】

善于调动敌军的人，向敌军展示一种或真或假的军情，敌军必然据此判断而跟从；给予敌军一点实际利益作为诱饵，敌军必然趋利而来，从而听我调动。一方面用这些办法调动敌军，一方面要严阵以待。所以，善战者追求形成有利的"势"，而不是苛求士兵，因而能选择人才去适应和利用已形成的"势"。善于创造有利"势"的将领，指挥部队作战就像转动木头和石头。木石的性情是处于平坦地势上就静止不动，处于陡峭的斜坡上就滚动，方形容易静止，圆形容易滚动。所以，善于指挥打仗的人所造就的"势"，就像让圆石从极高极陡的山上滚下来一样，来势凶猛。这就是所谓的"势"。

孙子指出，指挥作战的将领要善于用假象迷惑敌人，使敌人产生错觉；同时又善于以利诱敌，使敌人被我调动，然后趁敌立足未稳而击破之。这些方法或手段对于"出奇制胜"来说同样是必需的。

公元前284年，燕昭王拜乐毅为上将军，率领燕、韩、秦、魏、赵五国军队攻打齐国。乐毅接连攻下了齐国七十多座城池，最后只剩下莒城（今山东莒县）和即墨（今山东平度）没有攻下。后来，乐毅发兵进攻即墨，即墨的守城大夫出城迎战，结果战死了。即墨城里有个名叫田单的人曾经带过兵，于是大家就推选他为守城将领。田单上任后，让穿着铠甲的士兵埋伏起来，派老人和孩子去城头站岗，还暗中派人去燕军的营地商讨投降事宜。这样一来，燕军以为即墨城快要顶不住了，就放松了戒备。不久，燕昭王去世，他的儿子即位，是为燕惠王。田单得知燕惠王不信任乐毅，便让人制造谣言，离间燕惠王与乐毅的关系。燕惠王听信谣言，就撤了乐毅的职，派骑劫到齐国去接替他。骑劫到了齐国，立即加紧了对即墨城的进攻。而田单早已做好了决战的准备。他调集一千多头牛，在它们身上披上画满五彩龙纹的红绸，在牛角上绑上锋利的尖刀，在牛尾巴上系上浸过油的芦苇。准备完毕，田单又命人在城墙上挖开十几个洞于半夜时分把牛放出去，点燃牛尾巴上的芦苇。他又派五千名勇士跟在牛后面，而城里的人擂鼓呐喊造势。一千多头牛被烧得发了疯，朝着燕军的营寨狂奔乱冲。燕国士兵从睡梦里惊醒，看到火光冲天，一群尾巴燃着火苗、角上带刀、浑身龙纹的庞然大物横冲直撞，都吓得惊慌失措，四散弃逃。结果，齐军大败燕军，并杀了燕军将领骑劫。齐国人乘胜追击，收复了被燕军占领的七十多座城池。

田单在国破城危的极端不利形势下，长期坚守孤城，积极创造反攻条件巧妙运用"火牛阵"，实施夜间奇袭，成为因势利导，出奇制胜的军事典范。

第十二章　避实击虚，引蛇出洞

胜可为也。敌虽众，可使无斗。故策之而知得失之计，候之而知动静之理，形之而知死生之地，角之而知有余不足之处。故形兵之极，至于无形。无形则深间不能窥，智者不能谋。因形而措胜于众，众不能知。人皆知我所以胜之形，而莫知吾所以制胜之形。故其战胜不复，而应形于无穷。

【释义】

胜利是可以创造的，敌人虽然兵多，却可以使敌人无法有效地参加战斗。通过仔细分析可以判断敌人作战计划的优劣得失；通过挑动敌人，可以了解敌方的活动规律；通过"示形"，可以弄清地形是否对敌有利；通过试探性进攻，可以探明敌方兵力布置的强弱多寡。所以，示形诱敌的方法运用得极其巧妙时，一点儿破绽也没有。到这种境地，即使隐藏再深的间谍也不能探明我的虚实，智慧高超的敌手也想不出对付我的办法。根据敌情采取制胜的策略，即使摆在众人面前，众人也理解不了。人们都知道我克敌制胜的方法，却不知道我是怎样运用这些方法出奇制胜的。所以战胜敌人的战略战术每次都是不一样的，应适应敌情灵活运用。

集中兵力、避实击虚，没有巧妙的欺骗和伪装是不可能实现的。用"形人而我无形"的方法，造成敌人错觉，我在暗处，敌在明处，诱使敌人分散兵力，使我军转为优势，这样就能达到以众击寡、以实击虚的目的。如何能做到避实而击虚，贵于识虚实之情。不识虚实之情就不能正确选择作战目标、作战方向和指导军队的战斗行动，达到避实击虚的目的。因此，明察敌人的虚实是用兵的先决条件。孙子提出了四种掌握敌人虚实的方法："策之而知得失之计，候之而知动静之理，形之而知死生之地，角之而知有余不足之处。"通过这些手段，即可弄清敌人的"得失""动静""死生""有余不足"，从而掌握战争的主动。战国时期"桂陵之战""马陵之战"孙膑正是掌握了虚实之妙，因此取得了胜利。

桂陵之战和马陵之战，是战国中期齐、魏两大国之间的两场著名战争。当时齐国的军事家孙膑，创造性地运用和发展孙武"避实而击虚""致人而不致于人""示形动敌"的作战指导思想，采取"围魏救赵""避实就虚""减灶诱敌""以逸待劳"等高明战术，在桂陵和马陵地区，先后击败实力强大的魏国军队。这两场战争对于结束魏国在中原地区的霸权，具有决定性的意义；对战国整个战略格局的变化，产生了非常深远的影响。

公元前445年魏文侯即位后，任用李悝、吴起、西门豹、段干木等人，进行各方面的改革。

在政治上，基本废除了世袭的禄位制度，推行因功受禄的政策，建立起比较清明、健全的官僚体制。在经济上，改变不适应生产力发展的井田旧制，"尽地力之教"，抽"什一之税"，创制"平籴法"，兴修水利，鼓励开荒，促进了社会秩序的稳定和农业生产的发展。

在军事上，加强军队建设，推行"武卒"选拔制度，重视军事训练，提高部队的战斗力。经过魏文侯、魏武侯两代的励精图治，魏国迅速成为战国初期最为强盛的国家。魏惠王继位以后，继承文侯、武侯的霸业，积极向外扩张。魏国的勃兴和称霸，直接损害了楚、齐、秦等其他大国的利益，引起这些国家的普遍恐惧和忌恨，其中尤以齐、魏之间的矛盾最为尖锐。

齐国自西周以来一直是东方大国。公元前356年齐威王即位后，任用邹忌为相，改革吏治，强化中央集权，加强武备，国势日渐壮大。面临魏国向东扩张的严重威胁，齐国积极利用赵、韩两国与魏国之间的矛盾冲突，展开了对魏的激烈斗争。就是在这样的复杂背景下，公元前353年爆发了桂陵之战。

当时，为了摆脱魏国的控制，进而达到兼并土地、扩张势力的目的，赵成侯于公元前356年在平陆和齐威王、宋桓侯结盟，同时又和燕文公在阿结盟。赵国的行为引起魏惠王的极大不满，适逢公元前354年，赵国向依附于魏国的卫国发动战争，迫使卫国屈服称臣。于是魏国便借口保护卫国，出兵包围了赵国国都邯郸，强行攻打。赵与齐有同盟关系，邯郸局势危急，遂于公元前353年遣使向齐国请求救援。齐威王闻赵国告急，遂召集文武大臣进行商议。丞相邹忌反对出兵救赵。大臣段干朋则认为不救赵对于齐国在外交上不利，因而主张救赵。但他同时又指出，以当时的战略形势来考虑，如果立即出兵前赴邯郸，赵国既不会遭到损失，魏军也不会消耗实力，对于齐国的长远战略利益来说是弊大于利。因此，他主张实施使魏与赵相互削弱，而后"承魏之弊"的战略方针。具体地说，是先派少量兵力南攻襄陵，以牵制和使魏国疲惫。待魏军攻破邯郸，魏、赵双方均师劳兵疲之际，再予以正面的攻击。段干朋的策略达到了一石三鸟的作用：第一，南攻襄陵，牵制魏军，使其陷于两面作战的窘境；第二，向赵表示了援助的姿态，信守盟约，维持了在平陆相会时所建立的两国友好关系，帮助赵国坚定其抗魏的决心；第三，让魏、赵继续互相攻伐，最后导致赵国遭受重创、魏国实力削弱的结果，从而为齐国战胜魏国和日后控制赵国创造了有利的条件。

段干朋的这番谋划，得到了齐王的赞赏，齐威王欣然采纳。齐国以部分军队联合宋、卫南攻襄陵，主力暂时按兵不动，静观事态发展，准备伺机出动，以求一举成功。

当时魏国的扩张，也引起楚国的敌视。因此，楚宣王便趁魏国出兵攻赵，后方空虚的时候，派遣将军景舍率领部队向魏国南部的睢、濊地区进攻。而西边的秦国也不甘寂寞，发兵先后攻打魏国的少梁、安邑等要地。这样，魏国实际上已处于四面作战的困难境地。但由于魏国实力十分雄厚，主将庞涓又决心破赵，不为其他战场的局势所动摇，因而一直勉力维持着邯郸方面的主攻局面。

魏国以主力攻赵，两军相持一年有余。当邯郸形势危在旦夕，赵魏两国均已非常疲惫之时，齐威王认为出兵与魏军决战的时机已经成熟，于是任命田忌为主将，孙膑为军师，统率齐军主力救援赵国。

田忌计划直奔邯郸，同魏军主力交战，以解救赵国。孙膑不赞成这种硬碰硬的战法，提出了"避实就虚""攻打大梁"的正确策略。他说："要解开乱成一团的丝线，不能用手硬拉硬扯；要排解别人的聚殴，自己不能直接参与去打。派兵解围的道理也是如此，不能以硬碰硬，而应该采取'避实就虚'的办法。就是撇开强点，攻击弱点，避实击虚，冲其要害，使敌人感到形势不利，出现后顾之忧，自然也就解围了。"孙膑进而分析道："现在魏、赵相攻经年，魏军的精锐部队悉在赵国，留在自己国内的是一些老弱残兵。"根据这一情况，他建议田忌应该迅速向魏国的都城大梁进军，切断魏国的交通要道，攻击它防备空虚的地方。他认为这样一来，魏军必然被迫回师自救，齐军可以一举而解救赵国之围，同时又能使魏军疲于奔命，便于最终击败它。

田忌虚心采纳了孙膑避实就虚的作战建议，统率齐军主力迅速向魏国国都大梁挺进。大梁是魏国的政治、经济、文化中心，此时处于危急之中，魏军不得不以少数兵力控制历尽艰难刚刚攻克的邯郸，而由庞涓率主力急忙回救大梁。这时候，齐军已在桂陵地区以逸待劳，设下了埋伏。魏军由于长期攻赵，兵力消耗很大，加以长途跋涉急行军，士卒疲惫不堪，面对占有先机之利、休整良好、士气旺盛的齐军的截击，彻底陷入了被动挨打的困境，终于遭受到一次严重的失败。魏国所占邯郸，是后来与赵结盟时交还。

战国中期，魏国的实力要胜过齐国一筹，尤其是训练有素的"魏武卒"剽悍异常，所以荀子说过："齐之技击不可遇魏之武卒。"然而齐军竟在桂陵之战中重创了魏军，原因无他，就是齐国战略方针的正确和孙膑作战指挥艺术的高明。在战略上，齐国适宜地表示了救赵的意向，从而使赵国坚定了抵抗魏军的决心，拖住了魏军；及时对次要的襄陵方向实施佯攻，使魏军陷入多线作战的被动处境；正确把握住魏、赵双方精疲力竭的有利时机，果断出击。在作战指挥方面，孙膑能够正确分析敌我情势，选择适宜的作战方向，攻敌之所必救，迫使魏军回师救援，然后以逸待劳，乘隙打了一个漂亮的阻击战，一举而胜之，自始至终都牢牢掌握住主动权。

魏军虽在桂陵之战中严重失利，但是并未因此而一蹶不振，仍具有不可小视的实力。到了公元前342年，它又发兵攻打比它弱小的兄弟之邦——韩国。韩国难以抵挡，危急中遣使奉书向齐国求救。齐威王一如当年那样，召集大臣商议此事。邹忌依然充当反对派，不主张出兵，而田忌则主张发兵救韩。齐威王征求孙膑的意见，孙膑便侃侃谈了自己的看法：既不同意不救，也不赞成早救，而是主张"深结韩之亲，而晚承魏之弊"。即首先向韩表示必定出兵相救，促使韩国竭力抗魏。当韩处于危亡之际，再发兵救援，这一幕和当年救赵基本相同。他的这一计策为齐威王所接受。韩国得到齐国答应救援的允诺，人心振奋，竭尽全力抵抗魏军进攻，但结果仍然是五战皆败，只好再次向齐告急。齐威王抓住魏、韩皆疲的时机，任命田忌为主将，田婴为副将率领齐军直趋大梁。孙膑在齐军中的角色，一如桂陵之战时那样：充任军师，居中调度。魏国眼见胜利在望之际，又是齐国从中作梗，其恼怒愤懑自不必多说。于是决定放过韩国，转将兵锋指向齐军，狠狠打击齐军，以免它总是掣肘。

魏惠王待攻韩的魏军撤回后，即命太子申为上将军，庞涓为将，率雄师十万之众，扑向齐军，企图同齐军一决胜负。这时齐军已进入魏国境内纵深地带，魏军尾随而来，一场鏖战是无可避免了。孙膑针对魏兵强悍善战，素来蔑视齐军的实际情况，正确判断魏军一定会骄傲轻敌、急于求战、轻兵冒进。根据这一分析，孙膑认为战胜貌似强大的魏军完全是有把握的。其方法就是要巧妙利用敌人的轻敌心理，示形误敌，诱其深入，而后予以出其不意的致命打击。他的想法，主帅田忌完全赞同。于是在认真研究了战场地形条件之后，定下了"减灶诱敌"、"设伏聚歼"的作战方针。

战争的进程完全按照齐军的预定计划展开。齐军与魏军刚一接触，就立即佯败后撤。为了诱使魏军进行追击，齐军按孙膑预先的部署，施展了"减灶"的高招。第一天挖了十万人煮饭用的灶，第二天减少为五万灶，第三天又减少为三万灶，造成在魏军追击下，齐军士卒大批逃亡的假象。

接连三天追下来以后，庞涓见齐军退却避战而又天天减灶，便不禁得意忘形起来，武断地认定齐军斗志涣散，士卒逃亡过半，于是丢下步兵和辎重，只带着一部分轻装精锐骑兵，昼夜兼程追赶齐军。孙膑根据魏军的行动，判断魏军将于日落后进至马陵。而马陵一带道路狭窄，树木茂盛，地势险阻，实在是打伏击战的绝好场地。于是孙膑就利用这一有利地形，选择齐军中一万名善射的弓箭手埋伏于道路两侧。规定到夜里以火光为号，一齐放箭，并让人把路旁一棵大树的皮剥掉，在上面书写"庞涓死于此树之下"字样。

庞涓的骑兵果真于孙膑预计的时间进入齐军预先设伏的区域，他见剥皮的树干上写着字，但看不清楚，就叫人点起火把照明。字还没有读完，齐军便万弩齐发，给魏军以迅雷不及掩耳之势的打击。魏军顿时惊恐失措，大败溃乱。庞涓智穷力竭，眼见败局已定，遂愤愧自杀。齐军乘胜追击，又连续大破魏军，前后歼敌十万余人，并俘虏了魏国太子申。马陵之战以魏军惨败而告终结，桂陵之战则从根本上削弱了魏国的军事实力。从此，魏国一步步走下坡路，失去了中原的霸权。而齐国则挟战胜之威，力量迅速发展，成为当时的强大国家。

第十三章　兵无常势，水无常形

夫兵形象水，水之行避高而趋下，兵之形避实而击虚；水因地而制流，兵因敌而制胜。故兵无常势，水无常形。能因敌变化而取胜者，谓之神。故五行无常胜，四时无常位，日有短长，月有死生。

【释义】

兵的形态就像水一样，水流动时是避开高处流向低处，用兵取胜的关键是避开设防严密实力强大的敌人而攻击其薄弱环节；水根据地势来决定流向，军队根据敌情来采取制胜的方略。所以用兵作战没有一成不变的态势，正如流水没有固定的形状和去向。能够根据敌情的变化而取胜的，就叫作用兵如神。因此金、木、水、火、土这五行相生相克，没有哪一个常胜；四季相继相代，没有哪一个固定不移，白天的时间有长有短，月亮有圆也有缺。

"兵无常势，水无常形"是指因敌制胜的作战原则。在军事方面，敌情总在变化，要不断察知敌情，计算敌人作战计划的优劣，分析敌人的行动规律，侦察敌方的地形、道路及兵力部署，然后采取灵活的战略战术，这样才能达到用兵如神。

东晋义熙五年（409）四月至次年二月，南燕帝慕容超嫌宫廷乐师不够，欲对东晋用兵掠取。二月，慕容超对东晋用兵，进击东晋宿豫（今江苏宿迁东南），掠走百姓两千五百人。东晋大将刘裕为了夺取晋朝政权，外扬声威，于四月自建康（今南京）率舟师溯淮水入泗水。

五月，进抵下邳（今江苏睢宁西北），留船舰、辎重，改由陆路进至琅琊（今山东临沂北）。为防南燕以奇兵断其后，所过皆筑城垒，留兵防守。南燕鲜卑人自恃精于骑射，骑兵占有优势，对晋军进入其境不以为虑。慕容超没有采纳征虏将军公孙五楼"凭据大岘山（今山东沂山）之险，使晋军不能深入"或"坚壁清野""断晋粮道"之良策。

六月，刘裕未遇抵抗，过莒县，越大岘山。慕容超先遣公孙五楼、贺赖卢及左将军段晖等，率步、骑兵五万进据临朐。慕容超得知晋兵已过大岘山，自率步骑四万继后。燕军至临朐，慕容超派公孙五楼率骑为前锋，控制临朐城南的巨蔑水，与晋军前锋孟龙符遭遇，公孙五楼战败退走。为了抵挡燕军大规模骑兵的冲击，刘裕以战车四千辆分左右翼，兵、车相间，骑兵在后，向前推进。晋军进抵临朐南，慕容超派精骑前后夹击，未能攻破晋军车阵。刘裕采纳参军胡藩之策，遣胡藩及咨议参军檀韶、建威将军向弥率军绕至燕军之后，乘虚攻克临朐。慕容超单骑逃往城南左将军段晖营中。刘裕纵兵追击，大败燕军，段晖等十余将被斩。慕容超逃还广固。刘裕乘胜北上追击，攻克广固外城。慕容超退守内城。刘裕在外侧筑垒挖壕围困，招降纳叛，争取民心，并就地取粮养战。慕容超被困于广固内城，先后遣尚书郎张钢、尚书令韩范，驰往后秦求援。七月，后秦国主姚兴派卫将军姚强率步、骑兵一万，与洛阳守将姚绍会合，统兵共救南燕。并遣使向刘裕宣称，后秦以十万兵屯洛阳，若晋军不还，当长驱而进。刘裕识破姚兴的虚张声势，不为所动。不久，姚兴被夏主赫连勃勃击败于貳城，遂令姚强撤至长安。慕容超久困于广固，不见后秦援兵，欲割大岘山以南与东晋为条件，称藩于东晋，刘裕不答应。南燕大臣张华、封恺、封融及尚书张俊相继降晋。

九月，刘裕截获为借兵去后秦的韩范，使其绕城而行，以示后秦救兵无望，城内南燕守军惊恐。十月，晋军制成飞楼、冲车等各种攻城器具，以加强攻防能力。

东晋义熙六年（410）二月，南燕贺赖卢、公孙五楼率军挖地道出击晋军，被晋军击败，退回内城。刘裕乘机四面攻城，南燕尚书悦寿打开城门迎降，晋军攻入广固内城。慕容超率数十骑突围而走，被晋军追获，送至建康斩首，南燕灭亡。在这次战役中，刘裕善于料敌，利用燕军恃强弃险的失误，乘机攻击，不拘泥于成规，灵活用兵，以车制骑。在广固内城攻坚战中，又采取久围待其疲而后攻之的方略，掌握主动，一举获胜。

第十四章　以迂为道，后发先至

　　凡用兵之法，将受命于君，合军聚众，交和而舍，莫难于军争。军争之难者，以迂为直，以患为利。故迂其途，而诱之以利，后人发，先人至，此知迂直之计者也。军争为利，军争为危。举军而争利则不及，委军而争利则辎重捐。是故卷甲而趋，日夜不处，倍道兼行，百里而争利，则擒三将军，劲者先，疲者后，其法十一而至；五十里而争利，则蹶上将军，其法半至；三十里而争利，则三分之二至。是故军无辎重则亡，无粮食则亡，无委积则亡。故不知诸侯之谋者，不能豫交；不知山林、险阻、沮泽之形者，不能行军；不用乡导者，不能得地利。故兵以诈立，以利动，以分和为变者也。故其疾如风，其徐如林，侵掠如火，不动如山，难知如阴，动如雷震。掠乡分众，廓地分利，悬权而动。先知迂直之计者胜，此军争之法也。

【释义】

　　用兵的原则，将领接受君主的命令，从召集军队，安营扎寨，到开赴战场与敌对峙，没有比率先争得制胜的条件更难的事了。军争中最困难的地方就在于以迂回进军的方式实现更快到达预定战场的目的，把看似不利的条件变为有利的条件。所以，由于我迂回前进，又对敌诱之以利，使敌不知我意欲何去，因而出发虽后，却能先于敌人到达战地。能这么做，就是知道迂直之计的人。军争为了有利，但军争也有危险。带着全部辎重去争利，就会影响行军速度，不能先敌到达战地；丢下辎重轻装去争利，装备辎重就会损失。卷甲急进，白天黑夜不休息地急行军，奔跑百里去争利，则三军的将领有可能会被俘获。健壮的士兵能够先到战场，疲惫的士兵必然落后，只有十分之一的人马如期到达；强行军五十里去争利，先头部队的主将必然受挫，而军士一般仅有一半如期到达；强行军三十里去争利，一般只有三分之二的人马如期到达。这样，部队没有辎重就不能生存，没有粮食供应就不能生存，没有战备物资储备就无以生存。所以不了解诸侯各国的图谋，就不要和他们结成联盟；不知道山林、险阻和沼泽的地形分布，就不能行军；不使用向导，就不能掌握和利用有利的地形。用兵是凭借施诡诈出奇兵而获胜的，根据是否有利于获胜决定行动，根据双方情势或分兵或集中为主要变化。按照战场形势的需要，部队行动迅速时，如狂风飞旋；行进从容时，如森林徐徐展开；攻城略地时，如烈火迅猛；驻守防御时，如大山岿然；军情隐蔽时，如乌云蔽日；大军出动时，如雷霆万钧。夺取敌方的财物，掳掠百姓，应分兵行动。开拓疆土，分夺利益，应该分兵扼守要害。这些都应该权衡利弊，根据实际情况，相机行事。率先知道"迂直之计"的将获胜，这就是军争的原则。

　　孙子提出"以迂为直，以患为利"的命题。"迂"，就是迂回曲折。即军队开进时，如果能变迂回远路为直达，变患害为有利，就可以先敌占领有利地形。孙子强调发挥战场指挥官的主观能动性，努力化不利因素为有利因素。

　　孙子还论述了怎样化不利因素为有利因素，提出了"兵以诈立，以利动，以分和为变者"的重要原则。他认为可以采取迂回之法迷惑敌人，用区区小利引诱和迟滞敌人，这样便可调动敌人，从容开进。同时还必须充分掌握敌人的意图，察知行军地形，利用向导引路，从而达到"后人发，先人至"的预期目的。孙子还用形象生动的语言指明了争夺先机的军队所需具备的行动特征：有利可图时，行动"其疾如风"；无利可夺时，"其徐如林"；进攻时，"侵掠如火"；防御时，"不动如山"；隐蔽时，"难知如阴"；冲锋时，"动如雷震"。

周敬王十四年（前506），在吴楚争霸战争中，吴王阖闾率军在柏举（今湖北麻城东北）击败楚军主力，占领楚都。历史上把这场战争叫作柏举之战。柏举之战是春秋末期吴、楚之间一次最大的战役，在中国战争史上占有重要地位。

吴、楚两国为争霸江淮，从周简王二年（前584）起，多次发生交战。周敬王元年（前519），吴王僚率公子光（后来的吴王阖闾）等再度兴兵进攻楚战略要地州来。楚平王遣令尹田臼、司马薳越率楚、许、蔡、顿、沈、胡、陈等国联军救援。吴王见敌势众，遂释州来之围，移军钟离，待机行动。联军开进途中，带病督军的楚令尹阳匄病亡。薳越资历浅，威望低，难以统御全军，被迫回师鸡父。

吴公子光认为，楚联军同役而不同心，今又新丧主帅，士气受挫，建议乘机进击，以奇袭取胜。吴王采纳公子光意见，挥师挺进，于古代用兵所忌的"晦日"七月二十九日突然出现在鸡父。薳越仓促部署许、蔡、顿、沈等国军队为前阵以掩护楚军。吴王与公子光，公子掩余分率中、右、左三军主力预作埋伏，而以不习征战的三千名囚犯为诱兵攻击沈、胡、陈三国军队。刚接战，吴诱兵即佯败后退。三国军队贸然追击，痛遭伏击。胡、沈国君及陈大夫都被俘。吴王又释放沈、胡战俘，使之奔向许、蔡、顿三国军队中，诈呼沈、胡国君被杀。吴军乘势进攻不战自乱的三国军队，将其击溃。楚军未及列阵，亦遭到猛烈冲击，纷纷溃逃。战略要地州来遂被吴军攻占。

吴为了与楚争夺江淮，多次袭楚，尽占其淮水流域之战略要地，又分小股部队轮番扰楚。楚军主力进击则马上后退，楚军一退则再次骚扰，致使楚军疲于奔命，士气低落。周敬王十四年（前506），楚昭王派令尹囊瓦率军围攻蔡都新蔡。蔡昭侯向吴求救。吴乘机与楚北方的蔡、唐（今湖北随州西北）两国结盟，联合攻楚。鉴于楚地广兵多，吴王阖闾决定避开楚军正面防御，以主力向其守备薄弱的东北部实施迂回奔袭，直捣其腹地。同年冬，阖闾与孙武、伍员、伯嚭诸将，率军乘船溯淮水而上至蔡，弃舟登陆，取道豫章西进，以蔡、唐军队做引导，迅速越过楚北部的大隧、直辕、冥呃等边关要塞，直抵汉水东岸。楚昭王急派令尹囊瓦及左司马沈尹戌率军至汉水西岸布防，与吴军夹汉水对峙。根据沈尹戌的策略，楚拟由囊瓦率主力依托汉水阻击吴军；而由沈尹戌北上集结方城一带楚军，迂回至吴军侧后，焚毁淮河吴船，再还军阻塞三关，断吴归路，而后与囊瓦南北夹击吴军。沈尹戌北上后，囊瓦欲独得战功，竟改变既定作战计划，擅自率主力渡汉水向吴军进攻。吴军为免遭前后夹击，即移师后撤。囊瓦企图速胜，紧追不舍，在小别至大别之间连续三战均未获胜，士气严重受挫。十一月十八日，吴、楚两军列阵于柏举。吴军将领夫概计所部五千人突袭囊瓦军。楚军一触即溃，阵势大乱。吴军随即以主力投入战斗，扩大战果。囊瓦惊慌失措，弃军逃亡郑国。楚军主力遭重创后西逃，吴军乘胜追击至清发水。吴王用将军夫概计，待楚军半渡时进行攻击，再败楚军。吴军进至雍澨，与由息回援的沈尹戌军遭遇，发生激战。沈尹戌重伤身亡，楚军惨败溃逃。十一月二十八日，吴军攻占楚国都郢。楚昭王逃往随国。后来，楚大夫申包胥乞援于秦。秦国派遣子蒲、子虎率兵车五百乘援救楚。吴军撤出楚都，楚国才免于灭亡。孙武以三万兵力击败楚军二十万，千里破楚，五战入郢，创造了中国战争史上以少胜多、快速取胜的著名战例。吴军采取避开敌正面，迂回奔袭的战略和后退疲敌、寻机决战、突袭破阵、纵深追击等战术，终获大捷。这也是中国古代灵活用兵的著名战例。吴军的取胜，首先是修明政治、发展生产、充实军备的结果。其次也是善于"伐交"，争取晋国的支援和唐、蔡两国的协助的产物。最后也是最为重要的一点，是在于其作战指导上的高明。一是采取疲楚误楚的正确策略，使楚军疲于奔命，并且松懈戒备；二是正确选择有利的进攻方向，"以迂为直"，乘隙捣虚，实施远距离的战略袭击，使楚军在十分被动的情况下仓促应战；三是把握有利的决战时机，先发制人，一举击败楚军的主力；四是适时进行战略追击，不给楚军以重整旗鼓进行反击的任何机会，最终顺利地夺取战争的胜利。楚军的失败，其政治外交上的原因，在于其政治腐败、内部动乱、将帅不和、四面树敌、自陷孤立。从军事上看，则在于其疏于戒备，招致奇袭；在于其主将贪鄙无能，临战乏术；在于其轻率决战，一败即溃。吴国在经过六年的"疲楚"战略后，经过这场战役，使楚国的实力遭到前所未有的重创，改变了春秋晚期的整个战略格局，吴国则为其后称霸中原奠定了坚实的基础。

第十五章　疲敌制胜，击敌之惰

　　三军可夺气，将军可夺心。是故朝气锐，昼气惰，暮气归。善用兵者，避其锐气，击其惰归，此治气者也。以治待乱，以静待哗，此治心者也。以近待远，以逸待劳，以饱待饥，此治力者也。无邀正正之旗，无击堂堂之陈，此治变者也。

【释义】

　　对于敌方三军，可以挫伤其锐气，可使丧失其士气，对于敌方的将帅，可以动摇他的决心，可使其丧失斗志。所以，敌人早朝初至，其气必盛；陈兵至中午，则人力困倦而气亦怠惰；待至日暮，人心思归，其气益衰。善于用兵的人，敌之气锐则避之，趁其士气衰竭时才发起猛攻。这就是正确运用士气的原则。用治理严整的我军来对付军政混乱的敌军，用我镇定平稳的军心来对付军心躁动的敌人。这是掌握并运用军心的方法。以我就近进入战场而待长途奔袭之敌；以我从容稳定对仓促疲劳之敌；以我饱食之师对饥饿之敌。这是懂得并利用治己之力以困敌人之力。不要去迎击旗帜整齐、部伍统一的军队，不要去攻击阵容整肃、士气饱满的军队，这是懂得战场上的随机应变。

　　士气、军心对于战争的胜败非常重要，一支部队可凭锐气而击败劲旅，也会因疲沮而崩溃。因此孙子说："善用兵者，避其锐气，击其惰气，此治气者也。以治待乱，以静待哗，此治心者也。"

唐武德三年（620）十一月，唐军将要围攻洛阳时，割据势力王世充便派使者向另一割据力量窦建德求救。窦建德采纳其中书侍郎刘彬的建议，决定联王世充抗唐，再待机灭王世充，而后再与唐争夺天下。四年（621）二月，窦建德吞并孟海公起义军。三月，留其将范愿守卫曹州（今山东曹县西北），自率十余万大军西援洛阳。至滑州（今河南滑县东旧滑县），王世充的行台仆射韩洪迎其入城。继经酸枣（今河南延津西南），攻下管州（今郑州），杀唐管州刺史郭士安；又连克荥阳（今属河南）、阳翟（今河南禹县）等县，水陆并进，与王世充部将郭士衡数千人会合，进屯虎牢东广武山，并在板渚（今河南荥阳附近黄河南岸）筑宫，与王世充相呼应，威胁唐军侧背。

面对洛阳坚城未下、窦军骤至的危急情况，李世民召集众将商议对策。萧瑀、屈突通、封德彝等多数人认为唐军长期攻打坚城不下，过于疲惫，一时难以攻下洛阳；而窦建德气势正盛，唐军将腹背受敌，主张退保新安（今属河南），相机再战。宋州刺史郭孝恪、记室薛收则认为：王世充据坚城，兵皆江淮精锐，但缺粮草，若王、窦会合，即可得河北粮饷，战事将拖延无日。故应分兵继续围困洛阳，深沟高垒，坚壁不战；而以精锐之师先据武牢，据险阻遏窦军西进，以逸待劳，伺机破敌，击败窦建德，洛阳不攻自破。李世民认为郭、薛二人言之有理，遂采纳郭孝恪、薛收意见，命齐王李元吉等继续围困洛阳，亲率精兵步骑三千五百人于二十五日进驻虎牢。

二十六日，李世民率骁骑五百出虎牢，在其东二十多里处设伏，由骁将李世、程知节、秦叔宝分别统领。自与骁将尉迟敬德仅带四骑前去观察敌情。在离其营三里处，猝遇窦军游骑，李世民大呼"我秦

王也"，引弓射杀一将，窦建德急忙派五六千骑兵前来追逐。李世民和尉迟敬德殿后，且战且退，将追兵引入伏击处，李世民等奋起进击，斩首三百余级，俘其骁将殷秋、石瓒。窦军被阻于虎牢东月余不得西进，几次小战又都失利。四月三十日，李世民派部将王君廓率轻骑千余截击窦建德运粮队，俘其大将张青特，窦军更陷于不利境地，将士思归。

此时，国子祭酒凌敬劝窦建德率主力渡黄河，攻取怀州（今河南焦作沁阳）、河阳（今河南焦作孟州南），再越太行，攻上党（今山西长治），占领汾（汾阳）、晋（太原），向蒲津（今陕西大荔东）进军，迫使唐军回救关中，以解洛阳之围。而窦建德部将多受王世充使者贿赂而主张救援洛阳，结果未用凌敬建议。

这时，李世民得到窦建德企图趁唐军饲料用尽牧马于黄河北时袭击虎牢的情报，便决定将计就计。于五月初一率部分士兵过河，从南面逼近广武，观察窦军形势，留马千余匹在河中沙洲放牧，以诱窦建德出击。次日，窦军果然倾巢而出，在汜水东岸布阵，北依大河，南连鹊山（今河南荥阳西南），正面宽达二十里，擂鼓挑战。李世民率军在汜水西岸列阵相持，登高瞭望敌阵，决定按兵不动，另派小部队与窦军周旋，同时派人将留在河北的人马召回，待窦军气衰，再一举将其击破。

时至中午，窦军士卒饥疲思归，全部坐在地上，又争抢喝水，秩序紊乱。李世民立即命宇文士及带三百骑兵经窦军阵西而南，先行试阵，并告诫他说："窦军如严整不动，即应回军，如阵势有动，则可引兵东进。"宇文士及部经窦军阵前时，窦军阵势果然动乱。李世民见时机成熟，遂下令出击，亲率轻骑冲锋，主力继进，东涉汜水，直扑窦军大营。窦建德君臣正在议事，唐军突临。窦军未及列阵抵抗，被迫东退。唐将窦抗率部紧追，交战不利。李世民即率骁将史大奈、程知节、秦叔宝、宇文歆等精锐突入其阵，从阵后展唐旗，窦军士卒迅速崩溃。唐军追击三十里，斩首三千余级，俘虏万人。窦建德中槊受伤，被唐车骑将军白士让、杨武威抓获，其妻曹氏和左仆射齐善行率数百骑逃回洺州（今河北永年东南）。唐军主力回师洛阳，王世充见大势已去，想突围南走襄阳，但诸将已无斗志，被迫于五月初九率众投降。

在这次战役中李世民避锐击惰，利用骑兵快速突袭，出阵后威慑敌军，使其猝不及防而溃，并乘胜迫降洛阳之敌，一举两得，为统一全国取得了关键性的胜利。

第十六章　用兵之戒

故用兵之法，高陵勿向，背丘勿逆，佯北勿从，锐卒勿攻，饵兵勿食，归师勿遏，围师遗阙，穷寇勿迫，此用兵之法也。

【释义】

用兵的原则是：对占据高地、背倚丘陵之敌，不要做正面仰攻；对于假装败逃之敌，不要跟踪追击；对敌人的精锐部队不要强攻；对敌人的诱饵之兵，不要贪食；对正在向本土撤退的部队不要去阻截；对被包围的敌军，要预留缺口；对于陷入绝境的敌人，不要过分逼迫，这些都是用兵的基本原则。

孙子提出"用兵八戒"，即"高陵勿向，背丘勿进，佯北勿从，锐卒勿攻，饵兵勿食，归师勿遏，围师遗阙，穷寇勿迫"。而用兵之败，多数失于轻率，或者死搬教条，违反了战争的规律，因此大败。反之，战胜者则抓住了对方的弱点，从而取胜。

赵惠文王末年，北方匈奴逐渐强大起来，时常南下赵境掳掠。由于匈奴全部使用骑兵，不需要辎重，也不需要携带大量粮草，行动速度非常快，来去如迅雷疾风，很难捉摸，所以很难战胜。匈奴的强大骑兵，对赵国构成了巨大威胁。赵孝成王即位后任命李牧驻守代（今河北蔚县东北）和雁门（今属山西），防备匈奴入侵。

李牧到任后，按边防需要调整官吏，使适于战备；将地方收入用为军费，改善官兵生活；加强训练，"日习骑射"，提高军队战斗力；加强烽火报警、通信联络设施，提高快速反应能力；并派出大批谍报人员，深入边外，以及时掌握匈奴动静。在作战上，改变以往敌军来犯即出军迎击的战法，采用坚壁自守，示弱避战，养精蓄锐，伺机反击的作战方针。发现匈奴军队，即退入营寨城堡，坚壁清野避免接战。匈奴骑兵既无攻坚器具及手段，又难掠到牲畜粮食，每次均毫无斩获，被迫退去。如此数年，边境地区损失极少。

李牧的措施，被匈奴单于认为是胆怯，被赵王也当作是怯战。因此，赵王召回李牧，另选将军驻守。此后一年多时间里，匈奴骑兵来犯，赵军即出城交战。由于赵军分散戍守，机动性比匈奴骑兵要差许多，匈奴骑兵如劲风袭来，赵军多数死伤于匈奴的铁蹄和战刀之下。匈奴人大规模的骑兵队伍一时似乎变得天下无敌，尤其是正面的冲击。面对其雷霆万钧之势，赵军每战必败，边境地带变成了战场，百姓无法耕作放牧，举目一片荒凉，民不聊生。赵王只好再命李牧出任原职。李牧托病推辞，赵王再三下令。李牧提出如果用自己，请允许用以前的作战方针。赵王应允。

李牧按以往的方针施行，边境局势又得到控制，相对稳定下来。又经过几年的经营、训练，赵军战斗力大为提高，求战愿望日趋强烈，匈奴则误认为李牧怯战，益发轻敌，出击时非常大意。李牧认为歼灭匈奴机会已经成熟，便于赵悼襄王元年（前244），进行战斗编组，选拔人员，组建了一支由各兵种编成的出击兵团。精选战车一千三百辆，骑兵一万三千人，骁勇步兵五万人，弓弩兵十万人，总兵力约二十万人，将其控制于待机地域，并加紧临战前的战斗训练及准备。

战斗准备就绪之后，李牧放出牛羊和牧人，布满山野。匈奴小队骑兵纵马追击。李牧即佯装失败，故意丢弃人畜让匈奴抢掠。匈奴单于以为赵军溃逃，看到到处是丢弃的车仗和辎重，于是亲率骑兵约十万人深入赵境。李牧见匈奴被引入，开始采取守势作战，以车阵从正面迎战，利用战车限制、阻碍和迟滞匈奴骑兵的冲击；以弓弩兵轮番发射；而将骑兵及精锐步兵控制于军阵侧后。当匈奴军冲击受挫时，李牧乘势将控制的机动精锐部队由两翼加入战斗，发动钳形攻势，包围匈奴军于战场。经激烈格斗战后，除单于率少量亲卫兵突围逃走外，进犯的十万骑兵全部被歼。李牧在歼灭匈奴主力后，又乘胜前进，破楼烦、击东胡、降林胡（今山西北部），声震匈奴。此后十多年，匈奴不敢进扰赵国边境。在这次战役中李牧佯败，引诱匈奴到有利于己方的作战区域。针对匈奴军骑兵机动性、战斗力强及以掠夺为主要作战目的的特点，实施坚壁清野，使敌优势无从发挥，军需无法补充，同时采取一切措施提高自身战斗力。待双方力量对比发生变化后，集中力量，充分发挥各兵种协同作战的威力，进行包围，是获得胜利的主要原因。匈奴单于则大大违背了用兵戒律，贪恋战利品，追击饵兵，结果几乎被杀。

第十七章　智者之虑，杂于利害

是故智者之虑，必杂于利害，杂于利而务可信也，杂于害而患可解也。是故屈诸侯者以害，役诸侯者以业，趋诸侯者以利。故用兵之法，无恃其不来，恃吾有以待之；无恃其不攻，恃吾有所不可攻也。故将有五危，必死可杀，必生可虏，忿速可侮，廉洁可辱，爱民可烦。凡此五者，将之过也，用兵之灾也。覆军杀将，必以五危，不可不察也。

【释义】

智慧明达的将帅考虑问题，必然把利与害一起权衡。在考虑不利条件时，同时考虑有利条件，大事就能顺利进行；在看到有利因素时同时考虑到不利因素，祸患就可以排除。因此，用最令人头痛的事去使敌国屈服，用复杂的事变去使敌国穷于应付，以利益为钓饵引诱敌国疲于奔命。所以用兵的原则是：不抱敌人不会来的侥幸心理，而要依靠我方有充分准备，严阵以待；不抱敌人不会攻击的侥幸心理，而要依靠我方坚不可摧的防御，不会被战胜。所以，将领有五种致命的弱点：坚持死拼硬打，可能招致杀身之祸；临阵畏缩，贪生怕死，则可能被俘；性情暴躁易怒，可能受敌轻侮而失去理智；过分洁身自好，珍惜声名，可能会被羞辱引发冲动；由于爱护民众，受不了敌方的扰民行动而不能采取相应的对敌行动。所有这五种情况，都是将领最容易有的过失，是用兵的灾难。军队覆没，将领牺牲，必定是因为这五种危害，因此一定要认识到这五种危害的严重性。

"杂于利害"是随机应变的前提条件。孙子说："智者之虑，必杂于利害，杂于利而务可信也，杂于害而患可解也。"所谓"虑"就是指对战争的全部问题的权衡，包括情况判断，定下决心，制订计划以及驾驭战争形势的发展。所谓"杂于利害"，就是指在对有关战争的全部问题的权衡中，要充分兼顾到利和害两个方面。总之，只有"杂于利"，才能提高信心，"杂于害"才能防患于未然，只有做出趋利避害的考虑，才能全面、正确地掌握战局。

三国时期，诸葛亮在五出祁山前联合东吴同时夹击魏国。孙权派荆州牧陆逊和大将军诸葛瑾率水军向襄阳进攻，自己亲率十万大军进至合肥南边的巢湖口。魏明帝一面派兵迎击西蜀的军队，一面率大军突袭巢湖口。结果射死吴军大将孙泰，吴军退回。

诸葛瑾在途中听说吴军主力已经退兵，急忙派使者给陆逊送去函件，建议陆逊退兵。使者很快返回，告诉诸葛瑾：陆逊正在与部将下围棋，他读罢信后，只把信件放在一边，又继续下棋去了。诸葛瑾又问陆逊部队的情况，使者回答说：陆逊的士兵们都在两岸忙着种豆种菜，对魏军的逼近并未在意。

诸葛瑾心有疑虑，亲自坐船去见陆逊，对陆逊说："如今主公已经撤军，魏军必然全力以赴地来进攻我们，将军不知有何妙计？"

陆逊道："如今魏军占有绝对优势，又是挟获胜之威，我军出战，绝难取胜，只有撤退了。"

诸葛瑾道："既然要撤，为何还按兵不动？"

陆逊回答："敌强我弱，我军一退，敌人势必进行追杀，那种局面，不是你我能控制的。我所虑的是……"陆逊屏退左右，悄声说出了一条计策。诸葛瑾听后，赞叹不已。

诸葛瑾辞别后，陆逊从容地命令军队离船上岸，直向襄阳进发，并大肆宣扬：不攻下襄阳，誓不回兵。

魏军听说陆逊已弃船上岸，向襄阳开进，立刻调集人马，准备在襄阳城外迎战吴军。一些将领对陆逊是否真正进攻提出质疑，但魏军统帅早已接到间谍的报告，说陆逊的部队在两岸种豆种菜，毫无撤退之意，魏军因而统一了认识，全力备战，以给陆逊毁灭性的打击。

陆逊率大队人马向襄阳挺进，行至中途，突然改后队为前队，急速向诸葛瑾的水军驻地撤退。诸葛瑾离开陆逊驻地回到水军大营后，早已把撤退的船只准备妥当。陆逊的将士一登上船，一艘艘战船就满载将士们扬帆起航。

魏军久等陆逊，不见吴军的影子，待发觉上当，挥师急追时，陆逊全部人马已全部撤离，魏军追至江边，只好望"江"兴叹。

在军事行动中，如何运用战术，其基础须是对敌我的认识，对战局的了解。陆逊充分认识到敌我之间的力量对比、形势对比，以及撤退时可能发生的情况，因此巧妙地利用战术，安然撤退，全身而返江东。

第十八章　将在外，君命有所不受

凡用兵之法，将受命于君，合军聚合。泛地无舍，衢地合交，绝地无留，围地则谋，死地则战，途有所不由，军有所不击，城有所不攻，地有所不争，君命有所不受。

【释义】

用兵的原则，将接受国君的命令，召集人马组建军队，在难于通行之地不要驻扎，在四通八达的交通要道要与四邻结交，在难以生存的地区不要停留，要赶快通过，在四周有险阻容易被包围的地区要精于谋划，误入死地则须坚决作战。有的道路不要走，有些敌军不要攻，有些城池不要占，有些地域不要争，君主的某些命令也可以不接受。

战场上瞬息万变的战局要求维护统帅的绝对权威，因此，孙子提出了"将在外，君命有所不受"的论断，这完全是基于对战争规律的深入了解而提出的。在战争的进程中，缺乏统一的指挥，军令混乱，协同不密，必然会为敌所乘，导致失败，因此主帅遭到掣肘也往往成为战争失败的主观原因。

唐玄宗李隆基即位之初，励精图治，国家进入全盛时期，史称

"开元盛世"。但到天宝年间，在一派歌舞升平中，他开始腐化堕落，不愿过问政事，委政于李林甫、杨国忠等奸佞之手，一味纵情享乐，政治日趋黑暗。当时为抗击突厥、吐蕃、契丹的进犯，在边地设置了节度使，屯戍重兵。致使节度使和边地驻军不断增加，至天宝元年（742），边地节度使已增加到十个，兵员增至四十九万，而中央和内地兵力只有八万多，只有边地兵力的六分之一。当时府兵制废止，募兵制实行。军队在边地久不更调，长期驻守，边兵逐渐演变成节度使的私人武装。节度使权力膨胀，一般管辖数州，不仅握有兵权，还拥有地方的民政、财政大权。

唐朝节度使安禄山和史思明都是营州（今辽宁朝阳）少数民族，会六种民族语言，做过互市牙郎。二人从军后，以骁勇著称，为幽州节度使张守珪所赏识。安禄山狡猾钻营，很快升为平卢节度使。又以虚报战功、献媚贿赂皇帝近臣等手段，取得唐玄宗的宠信，至天宝十年（751），成为平卢、范阳、河东三镇节度使，拥兵十八万三千九百，占当时全国兵力五十七万的百分之三十二强。权力的不断扩大，助长了其欲望的膨胀。

安禄山多次入朝，发现内地兵力空虚，朝政日趋腐败，自己又控制了全国近三分之一的军队，就萌生了举兵作乱、夺取唐室天下的野心，并着手进行叛乱的准备。他派遣亲信入京，刺探朝廷情报，蓄养战马数万匹，贮备大量兵仗器械和粮草；他网罗党羽结成一个以高尚、严庄等为心腹，以史思明、蔡希德、崔乾祐等将领为骨干的反唐集团；他豢养同罗、奚、契丹等族投降者中骁勇善战的八千余人，组成亲军。提升自己的大批亲信为将领，并以番将三十二人替换汉将。安禄山在一切准备工作完成后，于天宝十四年（755）十一月初九，诈称奉朝廷密旨，率兵入朝讨伐杨国忠，在范阳起兵反唐。他以范阳节度副使贾循守范阳，平卢节度副使吕知诲守平卢，别将高秀岩守大同，以巩固后方基地。他自率所部番、汉兵，及同罗、奚、契丹、室韦等族兵共十五万，号称二十万，于当日夜晚出发，自蓟城南下，向洛阳、长安杀来。地方官吏闻叛军将至，或弃城逃跑，或开门出迎。叛军长驱南下，几乎没有遭到什么抵抗，很快占领了黄河以北大部分地区。唐玄宗非常惊恐，命令安西节度使封常清赶赴洛阳募兵迎战。又仓促部署对安禄山的全面防御：命郭子仪为朔方节度使，右羽林大将军王承业为太原尹，卫尉卿张介然为河南节度使，程千里为潞州长史；任命荣王李琬为元帅，右金吾大将军高仙芝为副元帅，率步骑五万，进屯陕郡；令朔方、河西、陇右等军镇，除留少数军队驻守防地外，其余部队全部内调。十二月，安禄山率众从河南滑县东渡过黄河，接连攻陷开封、荥阳等重镇，唐军封常清所属部队与叛军一触即溃。安禄山部将高秀岩进攻内蒙古和林格尔振武军。朔方节度使郭子仪得知叛军进攻振武军时，便催军赴援，将来犯的高秀岩部击败。又乘胜追击，一举收复河东道的静边军。安禄山的大同兵马使薛忠义率军来救，欲夺回静边军。郭子仪命左兵马使李光弼、右兵马使高睿、左武锋使仆固怀恩、右武锋使浑释之等率部迎战，大破薛忠义军，坑杀叛军七千人，斩杀叛将周万顷。接着，郭子仪又在河曲大败高秀岩，进而围攻云中。又命别将公孙琼岩率骑兵两千，一举攻克军事要地马邑，打开了雁门关东口东陉关。东陉关地势险固，是太原北面的重要门户。河东唐军为保卫河东和太原，阻止叛军由此经蒲津进入关中，曾关闭东陉关以拒叛军。郭子仪收复静边军，围高秀岩于云中，又攻占马邑，从而解除了河东太原的军事威胁，打通了朔方军与河东唐军的联系。

唐军大将封常清在洛阳战败之后，退至陕郡，说服守将高仙芝放弃无险可守的陕城，退守潼关，以阻止叛军入关。安禄山命部将崔乾祐率部入据陕郡，进逼潼关。唐玄宗不知战争的具体发展状况，听信宦官谗言，以战败、弃地罪杀掉了大将封常清、高仙芝。起用罢黜的河西、陇右节度使哥舒翰为副元帅，领兵八万，连同各路援兵及高仙芝旧部，号称二十万，进驻潼关据守。

叛军所到之处，烧杀抢掠，激起百姓无比愤怒。平原太守颜真卿、常山太守颜杲卿等率军民奋起抗击叛军，河北十七郡相继响应。天宝十五年（756）正月，安禄山进入洛阳自称大燕皇帝，闻河北有变，即遣史思明、蔡希德率兵攻破常山，太守颜杲卿被杀，河北郡县又多被叛军攻陷。之后，河东节度使李光弼与郭子仪先后率军出井陉，入河北，在九门、嘉山等地，接连大败安禄山部将史思明，切断了洛阳叛军与范阳叛军的联系。但唐玄宗听信奸佞谗言，掣肘前方将帅，导致了一次重大失败。

哥舒翰被唐玄宗任命为天下兵马副元帅后，率军镇守潼关。潼关地形险要，易守难攻。哥舒翰进驻潼关后，立即加固城防，深沟高垒，闭关固守。十五年（756）正月，安禄山命其子安庆绪率兵攻潼关，被哥舒翰击退。叛军主力被阻于潼关数月，不能西进。安禄山见强攻不行，便命崔乾祐将老弱病残的士卒屯于陕郡，而将精锐部队隐蔽起来，想诱使哥舒翰弃险出战。五月，唐玄宗接到叛将崔乾祐在陕郡"兵不满四千，皆羸弱无备"的假消息，发圣旨令哥舒翰出兵收复陕郡。哥舒翰立即上书玄宗，认为：安禄山久习用兵，今起兵叛乱，不会不做准备，一定是用羸师弱卒来引诱我们，如若进兵，正好中计。况且叛军远来，无粮草补给速战速决；官军凭借潼关天险，利在坚守。故主张在潼关据险固守，以打破叛军的速决企图，待其兵力削弱，内部发生变乱时，再大举反攻。郭子仪、李光弼也认为潼关只宜坚守，不可轻出。主张引朔方军北取范阳，覆叛军巢穴，促使叛军内部溃散。但是，唐玄宗听信杨国忠谗言，不断诏令催哥舒翰出战。

哥舒翰被迫于六月初四领兵出关，初七，在灵宝西原与崔乾祐部相遇。灵宝南面靠山，北临黄河，中间是一条七十里长的狭窄山道。崔乾祐预先把精兵埋伏在南面山上，于初八领兵与唐军决战。唐军以王思礼等率精兵五万在前，庞忠等率十万大军继后，另派三万人在黄河北岸高处击鼓助攻。两军相交，唐军见叛军阵势不整，偃旗欲逃，便长驱直进，结果被诱进隘路。叛军伏兵突起，从山上投下滚木礌石，唐军士卒拥挤于隘道，难以展开，死伤甚众。哥舒翰急令战车在前面冲击，企图打开一条进路，但被叛军用纵火焚烧的草车堵塞不得前进。唐军被浓烟迷目，看不清目标，以为叛军在浓烟中，便乱发弩箭，直到日落弓箭用尽，才知中计。这时，崔乾祐命同罗精骑从南面山谷迂回到官军背后杀出。唐军前后受击，乱作一团，有的弃甲逃入山谷，有的被挤入黄河淹死。绝望的号叫声惊天骇地，一片惨状。唐后军见前军大败，不战自溃。黄河北岸的唐军见势不利，也纷纷溃散。哥舒翰只带数百骑狼狈逃回潼关。唐军将近二十万军队，逃回潼关的只有八千余人。初九，崔乾祐克潼关，哥舒翰被迫投降安禄山。

唐玄宗胡乱指挥，导致潼关失守。长安危急，皇室人员仓皇出逃奔蜀。至马嵬驿，随行将士怒杀杨国忠，又迫唐玄宗缢死杨贵妃。唐玄宗最后逃到成都。太子李亨逃到朔方，于七月在灵武（今宁夏灵武）即位，是为唐肃宗。郭子仪、李光弼得知潼关失守后，收兵退入井陉。不久，郭子仪领兵五万至灵武。唐军平原空虚，叛军史思明乘机占领河北郡县。至德二年（757）正月，叛首安禄山为其子安庆绪所杀，安庆绪据洛阳称帝。李光弼率兵不足万人坚守太原，却不断打击叛军，太原之战歼敌十万。郭子仪率兵攻取河东。

至德元年（756）十月初三，唐肃宗由灵武南下，抵达彭原（今甘肃宁县）。由成都刚到不久的宰相房琯上疏唐肃宗，请求领兵收复两京（西京长安、东京洛阳）。肃宗对军事的认识极少，却急于克复长安，见疏非常高兴，盲目任命房琯为将御蒲、潼两关兵马、节度使，并准其自选将佐。房琯以御史中丞邓景山为招讨副使，户部侍郎李揖为行军司马，给事中刘秩为参谋。房琯从未带过兵打过仗，却好高谈阔论，自以为除他之外，无人能担当平定叛乱的重任。李揖、刘秩也都不懂军事。后来虽补充了老将兵部尚书王思礼为副使，可房琯却把军务都委托给李揖、刘秩二人。房琯将所部分三军：命神将杨希文率南军，自宜寿（今陕西周至）进军；刘贵哲率中军，自武功（今陕西武功西北）进军；李光进率北军，自奉天（今陕西乾县）进军。房琯以中军、北军为前锋，十月二十日，进至长安西北的西渭桥。二十一日，中军、北军与叛将安守忠部在咸阳东面的陈涛斜相遇。房琯居然搬出古书上的车战法，以牛车两千乘，两旁配以步骑，摆开阵势，冲向敌阵。叛军顺风擂鼓呐喊，牛皆闻声惊骇。叛军又纵火焚烧，唐军人畜大乱，牛踩马踏，你挤我推。叛军乘机掩杀，唐军死伤四万余人，幸存者仅数千。二十三日，房琯又亲领南军出战，复遭大败。杨希文、刘贵哲都投降了叛军。朝廷刚刚召集起来的兵力损失将尽。河北诸郡，又相继陷落。此后唐肃宗对前方大将总是持不信任态度。即使叛军内讧，也依旧猖獗。

乾元元年（758）九月，唐肃宗命郭子仪、李光弼等九路节度使，统兵二十余万，进讨安庆绪。此时的唐肃宗猜忌心更重，以宦官鱼朝恩为观军容宣慰处置使，监督诸军行动，而不设置统帅。唐军围邺城四月之久，叛将史思明率军十三万来援。两军在安阳河北大战，时狂风骤起，天昏地暗。由于鱼朝恩掣肘，唐九路大军缺乏统一指挥，导致惊退溃散，因此大败。唐军打了败仗，鱼朝恩把失败的责任全部推给郭子仪。唐肃宗听信鱼朝恩谗言，撤掉郭子仪朔方节度使的职务，让李光弼接替。

不久，安禄山部将史思明杀掉安庆绪，回到范阳自称大燕皇帝。九月，史思明统兵南下，夺取了已被唐军收复的洛阳。十月，与李光弼大战于河阳，不胜退保洛阳，两军相持年余，上元二年（761）二月，唐肃宗令李光弼反攻洛阳，未克。三月，史朝义杀其父史思明，自立为帝。

直到宝应元年（762）四月，唐肃宗去世，安史之乱仍未平定。太子李豫即位，是为唐代宗。十月，代宗以雍王李适为天下兵马元帅，以郭子仪、仆固怀恩等为将攻打史朝义，歼敌八万。史朝义逃往河北。河北安史部将见大势已去，纷纷投降唐廷。宝应二年（763）正月，史朝义自杀。整个安史之乱，历时长达七年又三个月，从唐玄宗、唐肃宗到唐代宗才平定。在这场长久的战争中不懂军事的皇帝总是对前方将帅掣肘，屡屡造成重大军事失误，以致平叛战争一拖再拖，终于拖垮了唐王朝。孙子说"将在外，君命有所不受"，他对于战争的指挥权的专一性是有深刻的认识的。

第十九章　处军的地形原则

凡处军相敌，绝山依谷，视生处高，战隆无登，此处山之军也。绝水必远水，客绝水而来，勿迎之于水内，令半渡而击之利，欲战者，无附于水而迎客，视生处高，无迎水流，此处水上之军也。绝斥泽，唯亟去无留，若交军于斥泽之中，必依水草而背众树，此处斥泽之军也。平陆处易，右背高，前死后生，此处平陆之军也。凡此四军之利，黄帝之所以胜四帝也。

【释义】

在各种不同地形上处置军队和观察判断敌情时，应该注意：通过山地，必须依靠有水草的山谷，驻扎在居高向阳的地方，敌人占领高地，不要仰攻，这是在山地上对军队的处置原则。横渡江河，应远离水流驻扎，敌人渡水来战，不要在江河中迎击，而要等他渡过一半时再攻击，这样较为有利。如果要同敌人决战，不要紧靠水边列阵；在江河地带扎营，也要居高向阳，不要面迎水流，这是在江河地带上对军队处置的原则。通过盐碱沼泽地带，要迅速离开，不要逗留；如果同敌军相遇于盐碱沼泽地带，那就必须靠近水草而背靠树林，这是在盐碱沼泽地带上对军队处置的原则。在平原上应占领开阔地域，而侧翼要依托高地，前低后高。这是在平原地带上对军队处置的原则。以上四种"处军"原则的好处，就是黄帝之所以能战胜其他四帝的原因。

"处军"，包括在特殊地形条件下部队的行军和战斗方法以及部队宿营的原则和方法。孙子主要谈了四种地形情况：一是山地，二是江河，三是盐碱沼泽地，四是平原。统兵将帅必须根据这些不同的地形条件，确定最佳的行军宿营和接敌战斗的方法。总的要求是：有利于部队的生活供应与人马的安全健康；有利于作战意图的实现和战斗的发挥；有利于对敌方的观察和判断。

周赧王三十六年（前279），秦昭襄王与赵惠文王在渑池（今河南渑池西）会盟，息兵言和，解除后顾之忧。而后，派大良造白起率军大举攻打楚国。楚国政治腐败，国势日衰，又有一部兵力随庄远征入滇，守备薄弱。白起分析了两军形势后，采取直捣楚国统治中心的战略方针。率军沿汉水东下，首先攻取汉水中段要地邓（今湖北襄樊北），推进至鄢城下。鄢是楚国的别都，地理位置十分重要。鄢失则郢危。楚国为护卫都城，急调主力防守鄢。白起命令秦军强攻未能奏效，发现宜于使用水攻。命令士卒在鄢城四百里处筑堰拦汉水，蓄到一定高度，决堰放水。滔滔洪水吞没了鄢城，军民死伤数十万人，到处漂浮尸体。秦军遂占鄢城。歼灭鄢城楚军后，白起西渡漳水和睢水（今沮水，长江支流），攻拔西陵（今湖北宜昌西），扼住长江，截断郢与西面巫郡的联系。然后沿长江东下，焚夷陵（今湖北宜昌）楚王宗庙，直逼郢都。楚顷襄王匆匆东逃，迁都于陈（今河南淮阳）。白起追至竟陵（今湖北潜江西北）才停止。竟陵以西、以北广大地区皆为秦国所有。秦在郢地设置南郡（今湖北中部地区），委任官吏。

这次战斗白起乘楚王城池不修，边备废弛之机，攻拔楚都郢。白起在攻打鄢时采取的决水攻城的战术，正是孙子"处军"中用水制敌的奥妙。水淹楚军在现实中实践了用水大规模消灭敌人的有生力量，从此水在以后的战争中被频繁使用。白起这次因战功卓著被秦昭王封为武安君。

秦昭王三十四年（前273），白起攻取魏国的华阳，魏将芒卯败走，俘获三晋（赵、韩、魏）的将领，斩敌首十三万人。同年，白起又与赵将贾偃交战，故技重演。白起处上游使用水攻策略，把赵兵两万人淹死在黄河里。再次显示了水在战争中的巨大作用。

公元前225年，秦军开始了灭魏战争。魏国都城大梁十分坚固，勇猛的魏武卒抵抗十分顽强，秦军一下难以攻克。最后秦国大将王贲命令士兵掘开黄河大堤，水淹大梁城。三月后城墙被毁坏，魏王出城请降，魏国灭亡。秦军又一次利用水使敌人屈服，兵不血刃地消灭了一个国家，从此，在战争中水成为强有力的武器。

唐建中三年（782），唐魏博招讨使马燧率部在洹水（今河南北部卫河支流安阳河）流域大破割据的魏博节度使田悦。在这次战争中马燧用计使敌人处于不利的地形，敌人溃乱之时毁坏桥梁，使敌人退无可退，落入激流。导致敌人淹死无数。

唐建中三年正月，河阳节度使李芃引兵逼攻卫州（今河南汲县）。田悦守将任履虚诈降，没多久又复叛。马燧率各军屯扎漳水之滨。田悦派其将王光沿河筑月城守卫漳水长桥，阻止唐室平叛官兵南渡。马燧用铁锁连接数万辆车，装入土壤，在长桥下游将漳水堵塞，使各军得以趁水浅蹚水渡过。当时，马燧军中缺粮，而田悦高筑壁垒不予交战。马燧命诸军携带十日干粮，进兵至仓口（今河南磁县、临漳之间，漳水西北），与田悦隔洹水对峙。马燧在洹水上建三桥，反复挑战，田悦仍不出击。马燧命诸军夜半起程用饭，隐蔽行动沿洹水直趋魏州（今河北大名北）。并下令说"敌军出动，则停止为阵"。留百骑击鼓鸣号在营中，抱柴拿火，诸军出发后，便停止击鼓鸣号，藏于其旁，等田悦渡河北上，立即焚烧其桥。当马燧军行十里，田悦闻风后，迅速率淄青和成德步骑四万，越过长桥，掩击其后，乘风纵火，鼓噪前进。马燧按兵不动，先清除其前草莽百步为战场，列阵等待田悦军，列兵五千余名。田悦军到，火灭士气衰退，马燧纵兵出击，田悦军大败。唐神策、昭义、河阳军稍作后退，见河东军获得大捷，迅即返还投入战斗，又破田悦军。这时洹水上的三座桥全部焚毁，田悦军乱，面对激流慌乱不堪，不顾河水猛急，纷纷渡水，赴水溺死者数不清。斩首两万余级，被俘三千余人，尸体相枕藉达三十余里。田悦仅收拾残兵千余人逃往魏州。

第二十章　相敌之法

　　敌近而静者，恃其险也；远而挑战者，欲人之进也；其所居易者，利也；众树动者，来也；众草多障者，疑也；鸟起者，伏也；兽骇者，覆也；尘高而锐者，车来也；卑而广者，徒来也；散而条达者，樵采也；少而往来者，营军也；辞卑而备者，进也；辞强而进驱者，退也；轻车先出居其侧者，陈也；无约而请和者，谋也；奔走而陈兵者，期也；半进半退者，诱也；杖而立者，饥也；汲而先饮者，渴也；见利而不进者，劳也；鸟集者，虚也；夜呼者，恐也；军扰者，将不重也；旌旗动者，乱也；吏怒者，倦也；杀马肉食者，军无粮也；悬瓿不返其舍者，穷寇也；谆谆翕翕，徐与人言者，失众也；数赏者，窘也；数罚者，困也；先暴而后畏其众者，不精之至也；来委谢者，欲休息也。兵怒而相迎，久而不合，又不相去，必谨察之。

【释义】

　　敌人离我很近而安静的，是依仗它占领险要地形；敌人离我很远但挑战不休，是想诱我前进；敌人之所以驻扎在平坦地方，是因为对敌有某种好处。许多树木摇动，是敌人隐蔽前来；草丛中有许多遮障物，是敌人布下的疑阵；群鸟惊飞，是下面有伏兵；野兽骇奔，是敌人大举突袭；尘土高而尖，是敌人战车驶来；尘土低而宽广，是敌人的步兵开来；尘土疏散飞扬，是敌人正在拽柴而走；尘土少而时起时落，是敌人正在扎营。敌人使者措辞谦卑却又在加紧战备的，是准备进攻；措辞强硬而军队又做出前进姿态的，是准备撤退；轻车先出动，部署在两翼的，是在布列阵势；敌人尚未受挫而来讲和的，是另有阴谋；敌人急速奔跑并排兵列阵的，是企图约期同我决战；敌人半进半退的，是企图引诱我军；敌兵倚着兵器而站立的，是饥饿的表现；供水兵打水自己先饮的，是干渴的表现；敌人见利而不进兵争夺的，是疲劳的表现；敌人营寨上聚集鸟雀的，下面是空营；敌人夜间惊叫的，是恐慌的表现；敌营惊扰纷乱的，是敌将没有威严的表现；旌旗摇动不整齐的，是敌人队伍已经混乱。敌人军官易怒的，是全军疲倦的表现；用粮食喂马，杀马吃肉，是敌军没有粮食的表现；收拾起汲水器具，部队不返营房的，是要拼死的穷寇；低声下气同部下讲话的，是敌将失去人心；不断犒赏士卒的，是敌军没有办法；不断惩罚部属的，是敌人处境困难；先粗暴然后又害怕部下的，是最不精明的将领；派来使者送礼言好的，是敌人想休兵息战。敌人逞怒同我对阵，但久不交锋又不撤退的，必须谨慎地观察他的企图。

"相敌"，即根据不同的征候判断敌情。孙子列举了三十二种不同的相敌方法，他认为，只有透过战场上各种纷乱迷离的现象，加以认真思索，去伪存真，才能获得对敌情的真知灼见。依据战场自然景象的特点和变化来观察和判断敌情，依据战场上敌人的动、静、虚、实来判断敌情，是非常科学的相敌之法。

南北朝时期，刘裕北伐灭南燕、后秦之后，于公元420年六月废掉晋恭帝，自立为帝，国号为宋，史称刘宋。刘宋政权占领了中国黄河以南的大部分地区，北方则被鲜卑族拓跋氏建立的北魏政权所占领，形成南北对立的两个政权。刘宋之后经历了齐、梁、陈等朝代的更迭；北魏后来则分裂为东、西魏，后变为北齐、北周。沙苑、渭曲之战即发生在北魏分裂后的东、西魏之间。

公元543年，统一了我国北方的北魏分裂为东魏和西魏两个政权。西魏建都长安（今陕西西安），政权落入丞相宇文泰手中。东魏建都邺（今河北临漳南），政权为权臣高欢所把持。双方政权为吞并对方，进行过多次战争，发生于公元537年的沙苑、渭曲之战只是其中的一次。在这次战争中，东魏出动二十万大军进攻西魏，西魏军则以七千精骑迎战。

北魏分裂后，东魏依仗地广人多，军事上占有相对的优势，便出动军队企图占领西魏重要关口潼关，但被西魏击退。此后，东魏两次出军攻战潼关未成。高欢多次袭击西魏，宇文泰决定反击，便于公元537年八月率军东进，攻占了东魏的军事要地恒农（今河南三门峡市西）。没过多久，东魏高欢就命大将高敖曹领兵三万，由洛阳向西反击恒农；同时自率主力二十万，由太原、临汾南下，从蒲坂西渡黄河，进袭关中，从而拉开了沙苑、渭曲之战的序幕。

高欢准备分两路向长安方向推进。一路由高敖曹军从洛阳至恒农，夺回恒农后向潼关、渭南方向推进；另一路由高欢亲自带领，从蒲坂西渡黄河，占领军事要道华州，然后向前推进，争取与高敖曹军会合。

宇文泰得知高欢西进的消息，决定全力阻止敌军西进。他一面命大将王熊坚守华州，阻止魏军西进，一面派人到各地征调兵马，并从恒农抽调出近万人回救关中。高敖曹趁势包围了恒农。高欢军渡过黄河后，即攻华州城，然而华州城坚难攻，于是高欢命军队在距华州北三十余里的许原屯驻。

宇文泰军回到渭南后，便欲进击高欢。部将们认为，各地征调的兵马还未赶到，敌我兵力悬殊，还是暂不迎战为好。宇文泰解释说："现在东魏军远道而来，首攻华州不下，便屯兵许原观望，说明他们军队人数虽多，但缺乏战斗力，也缺乏苦战克敌的精神，我们趁他立足未稳，地理不熟，趁机迎击。如果让其站稳脚跟，继续西进，逼近长安，那就会动摇人心，形势对西魏将不利。"宇文泰的解释打消了部将的疑虑，西魏军抓紧做好北渡渭水的准备。

九月底，西魏军在渭水上搭好浮桥。宇文泰亲率轻骑七千，携带三天的粮秣，北渡渭水。十月一日，宇文泰军进至距东魏军六十里处的沙苑驻扎下来。

宇文泰驻军在沙苑扎营后，立刻派人化装成许原一带的居民，潜入东魏兵营附近活动，侦察高欢军队的情况。经过侦察，宇文泰证实了自己的判断。在人数对比上，宇文泰认识到敌军确实强于自己。但东魏军战斗力不强，而且骄傲轻敌。这时，宇文泰部将李弼建议利用十里渭曲（渭河弯曲部分）沙丘起伏、沼泽纵横、芦苇丛生的有利地形，采取预先埋伏、布设口袋、诱敌深入的伏击之计，一举消灭敌人。这个建议得到宇文泰的认可，决定利用渭曲复杂的地形环境打一场歼灭战。

高欢听说西魏军已进至沙苑，便决定寻找西魏军决战。高欢取胜心切，从许原率兵向前推进。西魏军见敌军出动，便依照先前的谋划在渭曲布设了埋伏，并规定伏兵以击鼓为号，以突然袭击的战法，围歼东魏军于既设阵地。高欢军行进至渭曲附近，一名将领认为渭曲地区遍布沼泽，沙丘伏起，茂密的芦苇纵横于沼泽地深处，不利野战。便向高欢建议留下部分兵力在沙苑与宇文泰军相持，然后另以精骑西袭长安。高欢急于寻找宇文泰军决战，不同意他的意见。高欢提出放火烧芦苇，以火攻的办法攻击西魏军。但是他的部将侯景却说："我们应当活捉宇文泰以示百姓，如果火烧芦苇，把他一起烧死，尸体不好辨认，谁能相信呢？"高欢的另一部将彭乐也附和说："以我军的兵力，几乎是以一百个对他们一个，还怕打不赢吗？"在下属的骄狂自大与自信面前，高欢利令智昏，放弃了火烧芦苇的主张，下令挥军前进，进入沼泽沙丘搜索宇文泰军。东魏军自恃兵多势众，混乱中竟深入沼泽地，导致战斗队形散乱。宇文泰待东魏军进入伏击圈后，擂鼓出击。西魏军从左右两翼猛烈冲击东魏军，将其截为数段。东魏军遭到突然袭击，乱作一团，在陌生而又复杂的地形中无法展开，自相践踏。西魏军趁势拼死奋战，斩东魏军六千余首级，俘敌八万，东魏军大败溃散，高欢逃至蒲津，渡河东撤。沙苑、渭曲之战以西魏的胜利与东魏的大败宣告结束。

沙苑、渭曲之战在东、西魏众多的交战中算不上是大的战役，但我们仍可从这一次战役中窥视出东、西魏军在复杂地形条件下行军作战、处军相敌方面的长短优劣。从战争的全过程中可以看出，西魏宇文泰在军事部署及"处军""相敌"方面，均深得兵法要领。孙子提出，处军的要领在于善于利用地形将军队处置好，地形的选择应于己有利而于敌不利；相敌的要领则在于正确地分析判断敌情，在于善于透过敌军活动的现象看到其本质。沙苑、渭曲之战决战前夕，宇文泰不为东魏的兵势所吓倒，还从高欢攻华州不下而屯兵许原的现象中，分析、判断出东魏军人多势众却无战斗力的事实，制订了伏击制敌的计划。为了更准确地了解敌情，将敌军引入伏击圈，宇文泰将军队驻扎在许原敌营附近，并派人化装侦察，摸清了敌军的基本情况，最后歼灭敌人于事先布好的伏击圈中。

东魏军的失败，一方面是由于其骄傲轻敌，另一方面也在于他们的恃众贸然轻进。临战前，高欢及部将明知地形不利，易遭伏击。然主帅决策时听不进正确意见，反依错误建议行事，违背了孙子所说的"处军""相敌"原则，最终导致了失败。

第二十一章　明察六地之道

地形有通者、有挂者、有支者、有隘者、有险者、有远者。我可以往，彼可以来，曰通。通形者，先居高阳，利粮道，以战则利。可以往，难以返，曰挂。挂形者，敌无备，出而胜之，敌若有备，出而不胜，难以返，不利。我出而不利，彼出而不利，曰支。支形者，敌虽利我，我无出也，引而去之，令敌半出而击之利。隘形者，我先居之，必盈之以待敌。若敌先居之，盈而勿从，不盈而从之。险形者，我先居之，必居高阳以待敌；若敌先居之，引而去之，勿从也。远形者，势均难以挑战，战而不利。凡此六者，地之道也，将之至任，不可不察也。

【释义】

地形有"通""挂""支""隘""险""远"六种。凡是我们可以去，敌人也可以来的地域，叫作"通"。在"通"形地域上，应抢先占开阔向阳的高地，保持粮道畅通，这样作战就有利。凡是可以前进，难以返回的地域，称作"挂"。在挂形的地域上，假如敌人没有防备，我们就能突击取胜；假如敌人有防备，出击又不能取胜，而且难以回师，这就不利了。凡是我军出击不利，敌人出击不利的地域叫作"支"。在"支"形地域上，敌人虽然以利相诱，我们也不要出击，而应该率军假装退却，诱使敌人出击一半时再回师反击，这样就有利。在"隘"形地域上，我们应该抢先占领，并用重兵封锁隘口，以等待敌人的到来；如果敌人已先占据了隘口，并用重兵把守，我们就不要去进攻；如果敌人没有用重兵据守隘口，那么就可以进攻。在"险"形地域上，如果我军先敌占领，就必须控制开阔向阳的高地，以等待敌人来犯；如果敌人先我占领，就应该率军撤离，不要去攻打它。在"远"形地域上，敌我双方地势均同，就不宜去挑战，勉强求战，很是不利。以上六点，是利用地形的原则，这是将帅的重大责任所在，不可不认真考察研究。

孙子把地形情况区分为六种，即"六地"，要求将帅认真研究。孙子是从战略的高度考察地形与战争的关系的，认为这六种不同的地形关系到军队的胜败存亡，而善于利用这些地形则是主将非常重大的责任。

晋定公二十一年（前491），晋国世家贵族赵简子独揽晋国政权，他的封地等同于诸侯。

晋出公十一年（前464），晋国六大世家之一的智瑶讨伐郑国。赵简子生病，派自己的儿子毋恤率兵包围郑国。智瑶酒醉了，用酒强灌毋恤并打他。随从毋恤的属下要求杀死智瑶。毋恤说："主君所以让我继任赵氏家世子，是因为我能忍辱。"智瑶回去后，又建议赵简子废了毋恤世子地位。因此，毋恤更加仇视智瑶。

晋出公十六年（前458），赵简子去世，世子毋恤继位成为赵氏家族的首领，这就是赵襄子。

赵襄子掌握赵氏家族大权的第四年，智瑶联合赵、韩、魏三大世家把范氏、中行两大世家消灭了，并瓜分了他们的土地。晋出公大怒，通告齐国、鲁国，想依靠他们讨伐韩、赵、魏、智四卿。四卿因此联合攻打国君晋出公。出公逃奔齐国，半路上死了。智瑶独揽晋国大权，立昭公的曾孙骄即位，这就是晋哀公。智瑶骄横自大，他要求韩、魏、赵三家各割让一万人口的城邑给他。韩、魏家族不敢抗命，只有赵襄子不给。智瑶恼怒，就率韩、魏两家进攻赵氏。赵襄子奔逃于晋阳城。

当年，赵简子派尹铎去治理晋阳，临行前尹铎请示说："您是打算让我抽丝剥茧般地搜刮财富呢，还是作为保障之地？"赵简子说："当然是保障之地。"因此，尹铎便少算居民户数，减轻赋税，善待百姓。赵襄子奔晋阳后，把这里作为最后的根据地。

智、韩、魏三家出兵包围晋阳，不断发起进攻，因为晋旧城极为坚固久攻不克。赵军坚守数月，城中箭几乎用完，赵襄子非常焦急。这时有人建议挖开城中宫墙，据说里面有可以造箭的竹子，赵襄子挖开宫墙果然发现大量可以造箭的上等竹子，又熔化宫中大铜柱制成箭镞，坚守一年。一年后，智、韩、魏三家联军引水灌晋阳城。城墙头只差三版（约六尺）的地方没有淹没，锅灶都被泡塌，鱼蛙滋生，老百姓都搬到房顶上或城墙上头来生活，眼看就要被攻破。

智瑶巡视水势，魏恒子为他驾车，韩康子站在右边护卫。智瑶说："我今天才知道水可以让人亡国。"魏恒子和韩康子听后心情非常沉重，暗暗交流了一下眼色，因为汾水也可以灌坏魏家族的都城安邑（今山西省夏县），绛水也可以灌坏韩家族的都城平阳（今山西省临汾市），如果智瑶攻打韩、魏两家，引水灌城，韩、魏就会灭亡。

一个月黑风高的深夜，赵襄子派张孟谈秘密出城来见韩康子、魏恒子二人，劝说道："我听说过唇亡齿寒的故事。现在智瑶率领韩、魏两家来围攻赵家，赵家灭亡就该轮到韩、魏了。"于是，三家经过商讨准备联合灭智氏。智瑶的大营恰好处于下游的位置，于是赵襄子派人杀掉智军守堤官吏，掘开智氏军营旁边的堤坝，大水倒灌智瑶军营。智瑶军队大乱，韩、魏两家军队乘机从两翼夹击，赵襄子率兵从正面迎头痛击，大败智军，杀死智瑶，灭尽智族家人，赵、魏、韩又瓜分了智氏的土地。公元前403年，赵、魏、韩三家得到周天子认可，被封为诸侯，从此晋国分裂成赵国、魏国和韩国，简称"三晋"。

屯军则要审慎考察地形，智氏把握了有利地形，水淹赵襄子，却未发现对别人有害的地形对自己也有害，结果导致利弊转移，有利的地形被敌人夺取，导致自己亡军于水。

第二十二章　料敌制胜，计险隘远近

夫地形者，兵之助也。料敌制胜，计险隘远近，上将之道也。知此而用战者必胜，不知此而用战者必败。故战道必胜，主曰无战，必战可也；战道不胜，主曰必战，无战可也。故进不求名，退不避罪，唯民是保，而利于主，国之宝也。视卒如婴儿，故可以与之赴深溪；视卒如爱子，故可与之俱死。厚而不能使，爱而不能令，乱而不能治，譬若骄子，不可用也。知吾卒之可以击，而不知敌之不可击，胜之半也；知敌之可击，而不知吾卒之不可以击，胜之半也；知敌之可击，知吾卒之可以击，而不知地形之不可以战，胜之半也。故知兵者，动而不迷，举而不穷。故曰：知彼知己，胜乃不殆；知天知地，胜乃可全。

【释义】

地形是用兵打仗的辅助条件。正确判断敌情，考察地形险易，计算道路远近，这是高明的将领必须掌握的方法，懂得这些道理去指挥作战的，必定能够胜利；不了解这些道理去指挥作战的，必定失败。所以，根据分析有必胜把握的，即使国君主张不打，坚持打也是可以的；根据分析没有必胜把握的，即使国君主张打，不打也是可以的。

所以，战不谋求胜利的名声，退不回避失利的罪责，只求保全百姓，符合国君利益，这样的将帅，才是国家的宝贵财富。对待士卒像对待婴儿，士卒就可以同他共患难；对待士卒像对待自己的儿子，士卒就可以跟他同生共死。如果对士卒厚待却不能使用，溺爱却不能指挥，违法而不能惩治，那就如同娇惯了的子女，是不可以用来同敌作战的。只了解自己的部队可以打，而不了解敌人不可打，取胜的可能只有一半；了解敌人可以打，而不了解自己的部队不可以打，取胜的可能也只有一半。了解敌人可以打，也了解自己的部队可以打，但是不了解地形不利于作战，取胜的可能性仍然只有一半。所以，懂得用兵的人，他行动起来不会迷惑，他的战术变化无穷。所以说：知彼知己，胜乃不殆；知天知地，胜乃可全。

孙子认为，主帅的责任在于根据不同的地形条件和敌情制定取胜之法。因此，他强调将帅要认识到自己在战争过程中的重大责任，一切必须以争取战争胜利为目的，只要是符合国家和君主利益的，就要"进不求名，退不避罪"，临机决断，果敢行动。

公元前四世纪中叶，秦孝公重用商鞅，变法图强。经过一个世纪的发展，至秦王嬴政即位（前246）时，秦国已成为沃野千里、战车万乘、实力雄厚的西部大国。秦王政九年（前238），二十二岁的秦王嬴政一举铲除了丞相吕不韦及其集团势力后，开始亲政。

秦王嬴政立志统一华夏。嬴政采用长史李斯、国尉尉缭之计，针对当时六国大臣不顾国家兴亡、贪图私利的特点，采取以重金贿赂各国大臣为秦所用的策略。嬴政派遣策士携带金银财宝奔赴列国。凡愿为秦国效力者，都送厚礼结交。派出的策士，在列国活动了一年多，既收买了各国部分大臣，又窃取了不少政治军事机密。李斯建议秦王嬴政用先攻赵、韩，稳住楚、魏，拉拢齐、燕的战略。秦王嬴政深以为然。秦王政十一年（前236），赵、燕两国发生战争，秦军乘赵国内部空虚之机，以救燕为名，分兵两路攻赵。赵悼襄王得悉秦军两路来攻，准备重新起用老将廉颇，派专使送狻猊名甲一副、良马四匹给廉颇，并吩咐说："如廉颇身体还好，就把他请回来。"此时，秦国潜伏在赵国的谋士王敖悄悄会见了赵王的宠臣郭开，对郭开说："廉颇与大夫有仇，他如再次出来，对大夫不利。"于是，郭开送了几件贵重礼物给赵王专使，要他回来报告赵王时说廉颇已衰老，不堪领兵出战。

赵王专使见过廉颇后，果然向赵王谎报说："廉颇已太老了，跟我坐了不长时间就进厕所三次。"赵王因此打消了起用廉颇的念头。这时候，由秦国老将王翦率领的北路军已攻占了赵国的阏与（今山西和顺）、昐阳（今山西左权）等地；由大将桓齮率领的东路军已攻占了赵国邺（今河北临漳）、安阳（今河南安阳西南）等地。赵悼襄王忧惊而死。秦王政十三年（前234）嬴政命桓齮继续攻赵。秦军在平阳（今河北临漳西南）大败赵军，歼敌十万。赵王迁急忙任李牧为大将率军抵抗秦军。肥下（今河北藁城西南）一战，击败秦军。鉴于李牧善战，暂时无法迅速扫平赵国，嬴政掉转矛头进攻韩国。秦王政十六年（前231），韩国在秦军步步进逼的形势下，被迫献出南阳（今河南省西南部）以求和。秦国派内史腾率军前往接收韩地。第二年（前230），秦内史腾从南阳出兵，一举攻破韩都阳翟（今河南禹县），俘韩王安。韩国灭亡。此时，赵国正发生严重旱灾，经济困难，饥民甚多，形势危急。嬴政乘机命王翦和杨端和分兵两路攻赵。王翦率军攻陷赵地井陉（今河北井陉西），杨端和率军包围赵国都城邯郸。赵王命武安君李牧、将军司马尚分别阻击秦军，相持一年之久。秦王深知赵王多疑，便使用反间计，导致赵王迁对李牧不信任，赵王迁派使者到李牧大营传令：升赵葱为大将，接替李牧的兵权。李牧深知赵葱不是王翦的对手，赵国必败，拒不交权，并说要面见赵王。使者是郭开一党，和赵葱一起杀死了李牧。秦王政十九年（前228），王翦继续攻赵，赵军大败，赵葱被斩杀。秦军乘胜追击，秦王嬴政亲临邯郸城下。赵王迁在城上见到秦王大旗，更为恐慌。郭开乘机劝赵王将和氏璧和邯郸地图献给秦王，秦王必不加害赵王。赵王无奈，亲自携璧负图，开城投降，公子嘉率众逃到代，于是赵国灭亡。秦军在灭赵时，王翦已调集了一部分秦军集结于中山（今河北正定东北）兵临燕境。燕太子丹看到难以抵挡秦军，打算结交刺客，暗杀秦王嬴政，以挽救危局。秦王政十二年（前227），太子丹派荆轲和秦舞阳刺杀秦王嬴政失败，嬴政便以此为由派王翦率军伐燕。燕军联合代军（赵公子嘉的军队）进行抵抗，与王翦军战于易水以西（今河北雄县西北），被秦军击溃。王翦军不久就攻占燕国都城蓟（今北京城西南）。燕王喜与燕太子丹逃到辽东。嬴政定要捉住刺客的主使人太子丹，就命将军李信率军追击，在衍水（今辽宁浑河）击破燕军。燕王喜走投无路，杀死太子丹，向秦王谢罪求和。嬴政鉴于燕、代残部不足为患，遂命秦军南下，指向孤立无援的魏国。秦王政二十二年（前225），王翦之子王贲率军攻魏。魏王急忙下令修缮城墙，挖深护城河，同时派使者向齐国求救。可是齐国的实权掌握在后胜手里，他早已得到秦国的许多珍宝，遂对齐王说："如果援助魏国，秦军必攻齐，后果不堪设想。"齐于是没有救魏。王贲率领的秦军连战连胜，很快就包围了魏都大梁（今河南开封市）。引黄河水灌城，魏国灭亡。嬴政在灭掉韩、赵、燕、魏之后，立即部署伐楚。李信为大将，蒙恬为副将率军攻楚。初战失利后，嬴政再发兵六十万，以王翦为大将伐楚，击破楚军，俘楚王负刍，楚国灭亡。灭楚以后，王翦告老回家。

王贲顶替父亲为大将，远征辽东、俘虏燕王，又灭了赵国公子嘉的军队。至此，六国只剩下齐国了。这时，齐国才慌忙把军队集结在齐国西部，准备进行抵抗。秦王政二十六年（前221），王贲率秦军避开齐国西部的主力，直插齐国国都临淄。同时，秦国又派使者与齐王建谈判，允许给以封地。齐王建投降，齐国灭亡。秦王嬴政在咸阳称帝，改秦王政二十六年为秦始皇二十六年。自此，结束了诸侯割据纷争混战的局面，建立了我国历史上第一个封建的中央集权的统一国家。

料敌制胜，是计险隘远近，遵循战道，掌握战争发展的必然趋势。在秦灭六国的战争中，秦王对战场敌情、我情、地情综合权衡，适时改变战术，采用大臣的合理建议，或用反间计，或威逼利诱，分化瓦解，各个击破，真可谓料敌制敌的上上之将。在灭六国的战争中，战场上的将领多能根据战场情态做出对战略战术的调整。孙子曰："故战道必胜，主曰无战，必战可也；战道不胜，主曰必战，无战可也。"秦军大将王翦等在这方面遵循战道，机断行事，"进不求名，退不避罪，唯民是保"。掌握战场主动，为秦统一天下做出了巨大贡献。

第二十三章　九地之变

　　用兵之法，有散地，有轻地，有争地，有交地，有衢地，有重地，有泛地，有围地，有死地。诸侯自战其地者，为散地；入人之地不深者，为轻地；我得亦利，彼得亦利者，为争地；我可以往，彼可以来者，为交地；诸侯之地三属，先至而得天下众者，为衢地；入人之地深，背城邑多者，为重地；山林、险阻、沮泽，凡难行之道者，为泛地；所由入者隘，所从归者迂，彼寡可以击吾之众者，为围地；疾战则存，不疾战则亡者，为死地。是故散地则无战，轻地则无止，争地则无攻，交地则无绝，衢地则合交，重地则掠，泛地则行，围地则谋，死地则战。

【释义】

　　按照用兵的原则，军事地理有散地、轻地、争地、交地、衢地、重地、泛地、围地、死地。诸侯在本国境内作战的地区，叫作散地；在敌国浅近纵深作战的地区，叫作轻地；我方得到有利，敌人也得到有利的地区，叫作争地。我军可以前往，敌军也可以前来的地区，叫作交地；多国相毗邻，先到就可以获得诸侯列国援助的地区，叫作衢地；深入敌国腹地，背靠敌人众多城邑的地区，叫作重地；山林险阻沼泽等难于通行的地区，叫作圮地；行军的道路狭窄，退兵的道路迂远，敌人可以用少量兵力攻击我方众多兵力的地区，叫作围地；迅速奋战就能生存，不迅速奋战就会全军覆灭的地区，叫作死地。因此，处于散地就不宜作战，处于轻地就不宜停留，遇上争地就不要勉强强攻，遇上交地就不要断绝联络，进入衢地就应该结交诸侯，深入重地就要掠取粮草，碰到圮地就必须迅速通过，陷入围地就要设谋脱险，处于死地就要力战求生。

孙子把军队征战所经过的地域分为散地、轻地、争地、交地、衢地、重地、圮地、围地、死地九种战区，并且以九种不同战区对军队心理产生的影响，以及对军队作战行动的利弊为依据，强调指挥作战必须针对九种战区特点各异，采取不同的战略。

东汉献帝初平二年（191）开始，一代英雄曹操正式在历史舞台上开始驰骋。至建安十三年（208），曹操先后消灭北方割据势力，统一了中国的北方大部地区。在他的军事生涯中，对于孙子的"九地之变"应用得淋漓尽致。他首先抢占了战略重地，为自己在北方的立足奠定了基础。

东汉末年，黄巾农民起义摧毁了东汉王朝的统治基础，出现了军阀割据的混战局面。初平元年（190），曹操任奋武将军，参加讨伐专权于朝的董卓，因孤军奋战而败，遂独立发展。二年（191），曹操镇压了黑山军白绕部，进占濮阳（今河南濮阳西南）等地。

黄巾军深入兖州境内东平、任城一带，声势浩大，锐不可当。兖州刺史刘岱轻敌，不听济北相鲍信劝阻，贸然出战，被黄巾军所杀。曹操部将陈宫认为，刘岱被杀，兖州无主，可据兖州军事重镇为霸业之基，以争天下，并自荐前去说服刘岱部众，邀请曹操主持州政。鲍信原与曹操友善，其济北相之职即为曹操所推荐，遂到东郡迎接曹操为兖州（今山东金乡西南）刺史。曹操进攻寿张黄巾军失利。于是曹操明令赏罚，激励将士，针对黄巾军无后勤辎重，唯赖抄掠供应的弱点，采用奇袭战术，昼夜袭击，使其无所抄掠，终于反败为胜，每战必获。黄巾军被迫北撤，曹操跟踪追击，在济北（今山东长清南）又败之，黄巾军战力衰竭请降。当年冬，曹操受降卒三十余万，家属数十万人，把降卒健壮精锐者编组为军，号为青州兵，将老弱妇孺安置屯田。

四年（193），后将军袁术从南阳（今河南南阳）移驻封丘（今河南封丘西南），招降纳叛，向北扩充实力，欲与割据幽州（今北京）的公孙瓒，构成对曹操南北夹击态势。曹操率部攻匡亭（今河南长垣南）击败袁术军，继之连续追击。袁术退据寿春（今安徽寿县），自称扬州牧。

同年，曹操父亲曹嵩在琅琊遇害。曹操以报仇为借口，兴师讨伐徐州牧陶谦，实欲攻占其地，在彭城（今江苏徐州）大败陶谦军，继而转攻虑（今安徽泗县东），纵军屠杀数万人。兴平元年（194）夏，曹操矛头直指战略要地徐州。驻守东郡的陈宫与陈留太守张邈叛曹，迎立奋威将军吕布为兖州牧，所属郡县纷纷响应。曹操被迫回救军事重镇兖州，与吕布激战于濮阳，曹军大败。曹操收聚部众，与吕布军相持百余日，因两军乏粮，各自罢战。九月，曹操回撤至鄄城（今山东鄄城北），重整旗鼓，决心夺回兖州失地。次年五月，向巨野（今山东巨野东北）发动攻击，斩吕布守将蒋兰、李封，乘胜进驻乘氏（今山东巨野西南）。

此时，徐州牧陶谦已死，曹操打算趁机夺取徐州，再回军消灭吕布。谋士荀彧指出，兖州是曹操成就霸业争夺天下的基地。当前应抓紧战机，收割熟麦，储存粮秣，积蓄实力，先集中力量消灭心腹之患吕布，然后进军讨伐割据扬州的袁术，控制淮、泗流域。如现在远征徐州，吕布必定乘虚而入，兖州郡县可能陷落吕布之手。前次攻打徐州多有杀戮，敌军必然死战，无降服心，即能破之，亦难据有。倘若徐州军民坚壁清野，严阵以待，一时不能攻克，将陷于进退失据、无家可归的危险境地。曹操采纳了荀彧的意见，放弃进攻徐州的意图。不久，吕布从东缗（今山东金乡）出发与陈宫会合，率一万大军，进击曹操。当时，曹军在外收麦，留营者不过千人。营西有长堤，其南为树林。曹操当即集结部队，以主力埋伏在长堤之后，派一部兵力列阵挑战。吕布以为曹操兵少，率军急攻，被曹操诱入设伏地域后，伏兵突起，步骑联合夹击，吕布军大败溃逃。曹操紧随追击，进抵吕布营寨。吕布无力出战，又恐被曹军围攻，遂连夜弃营撤往徐州。曹操乘胜夺取定陶城，并分别派出部队收复兖州各县。继于建安元年（196）二月，进军豫州（今河南汝南东南）剿灭颍川（今河南禹县）、汝南（今河南息县）地区黄巾军各部，占领许县（今河南许昌东）。

曹操采纳荀彧提出的"迎奉献帝，挟天子以令诸侯"的建议，率军进抵洛阳，挟持献帝移驾于许，正式迁都于此。十月，曹操击败洛阳诸将势力，攻占梁县（今河南临汝西南）。从此，曹操控制中央朝权，得以天子名义号令天下，并在许县及附近实行屯田，减轻民赋，增强实力。

建安二年（197），建忠将军张绣屯兵宛城，与荆州牧刘表联合，成为曹操的肘腋之患。正月，曹操南征张绣，军至清水（今河南白河），张绣率部投降。张绣降而复叛，突袭并大败曹军。曹操退到舞阳（今河南舞阳西北），收集部众。九月曹军进攻在寿春称帝的袁术，迫其南逃淮南。十一月，曹操再次讨伐张绣，攻战湖阳（今河南唐河西南），大破张绣、刘表联军，克取舞阴（今河南泌阳西北）。三年（198）三月，曹操第三次南征张绣，包围穰城（今河南邓州）。此时，曹操闻悉冀州牧袁绍将乘虚袭取自己的后方许都，即撤转而返。五月，刘表乘机派荆州军占据安众（今河南邓州东北）切断曹军退路，企图与张绣夹击曹军。曹操示弱伪逃，巧出奇兵，大败张、刘联军，顺利回到许都。

是年夏，占据徐州的吕布联合割据扬州的袁术攻曹。曹操放弃南征张绣，于十月率师进军彭城，击败吕布军，吕布退守下邳（今江苏睢宁西北），曹操围之，引泗水灌城。十二月，吕布部将侯成等引曹军攻入下邳，诛杀吕布，曹军凯旋而归。

四年（199）四月，曹操派部将北渡黄河，击斩依附袁绍的眭固，攻占射犬（今河南武陟西北），控制河内郡（今河南武陟西南）。由于曹操在内线作战中，集中兵力，各个击破，速战速决，逐步由弱变强，据有兖、豫、徐三州霸业资本，为抗击袁绍集团准备了条件。

北方最强大的割据势力是袁绍，在击灭幽州公孙瓒后，拥有冀（今河北地区）、青（今山东等地）、并（今太原等地）、幽（今北京等地）四州之地，凭恃地广兵多，急于大举南征。曹操先机占领冀州重镇黎阳（今河南浚县东北），派部将驻延津（今河南延津北）与白马（今河南滑县东北），以阻袁军南下；并安抚荆州刘表保持中立，解除后顾之忧。五年（200）正月，曹操趁袁绍决策迟疑，击败了原来依附自己的刘备，避免了两面受敌。

二月，袁绍亲统十万步兵、一万骑兵进攻延津，派大将颜良围白马。曹操采用声东击西之计，袭白马斩颜良，迅疾回军延津南，又诱斩率骑兵追击的袁将文丑。战争在官渡展开，官渡之战，袁军大败逃回河北。

随后，曹操采纳荀彧先定河北、后图荆州的建议，乘袁绍新败士众离心之机，出兵北上，占有冀、青、并州，进攻幽州。十二年（207）击败袁氏残余及与之相勾结的乌桓王蹋顿。十三年（208），曹军进取荆襄，刘琮投降，击溃投靠刘表的刘备。刘备退往夏口（今属湖北武汉）栖身。至此，曹操逐袁术、败张绣、灭吕布、破袁绍、击刘备，又击败乌桓，据有长江中下游以北大部地区，初步奠定统一中国北方的局面，形成威逼江南的战略态势。曹操在统一北方战争中，深谋远虑，善纳良策；利用汉室名义，争取民心，征抚兼施；重视战略基地建设，尤其重视对军事重镇的占领；实行屯田，发展经济，减轻民赋，安定社会秩序；治军严整，赏罚分明；善任将吏，兼收并蓄，用兵灵活，力争主动，面临危局，临阵若定，善于捕捉战机，抓住作战关键，出奇制敌，终于取得内线作战和战略性决战的胜利。

明洪武二年（1369）九月，徐达奉诏返回应天，明太祖朱元璋命他北伐逃跑到西北地区的扩廓帖木儿（王保保）。洪武三年（1370）正月初三，因扩廓帖木儿内侵不止，"为西北边患，且元主北遁，诸胡从徙者未靖"，徐达再次奉诏挂"征虏大将军"印，统军扫荡北元。徐达所部人马分为两路：西路军由徐达亲自指挥，征讨对象是他的老对手元将扩廓帖木儿；东路军由左副将军李文忠具体负责，任务是追击逃至应昌（今内蒙古阿巴哈纳尔旗西南）的元顺帝。

洪武三年正月十三，扩廓帖木儿夺取了定西（今甘肃定西）。定西是西北地区的重要军事要道，处于天水和兰州之间，是兰州的屏障。只要克下定西，兰州等西北军事重镇就会暴露，进而可以扫平青海诸部。三月二十九日，徐达率部抵达定西。扩廓帖木儿依仗手下有近十万兵马，据守定西下决心要与徐达一决雌雄。他退兵至车道岘，抢先占领了有利地形。徐达也知道定西对于明军的重要性，因此决意

攻克。

不久，徐达师出安定，进驻沈儿峪，在扩廓帖木儿营垒附近一条深沟的另一侧扎营。而后，双方天天对阵厮杀，甚至一日数战。然而连战数日，始终无法击败扩廓帖木儿蒙古军队。

洪武三年四月初八，扩廓帖木儿为了解除徐达对定西战略要地的威胁，暗中派精兵一千余名，从小路绕至徐达阵后，突袭徐达的东南营。该营官兵疏于防范，顿时乱成一团。徐达闻讯后，立刻亲自率兵前往，击退了来犯之敌。事后，徐达斩杀疏于防守的东南营指挥使数人以示众，士卒为之股栗。第二天，徐达整兵再战，夺沟而阵，并且"身先矢石"。在他的带动下，明军官兵"毋不一以当十"，终于大获全胜，攻克定西。俘北元二王、一国公，俘敌将士八万六千多人，获马一万五千多匹及大批杂畜。扩廓帖木儿仅带妻儿等数人仓皇北逃，经宁夏直奔和林（今蒙古国哈尔和林）而去。徐达得知扩廓帖木儿等出逃后，派遣都督郭英率兵一路追至宁夏，不及而还。五月十六日，李文忠部也攻克应昌，抓获元顺帝嫡孙买的里八剌及其后妃、宫人等，并缴获大批物资。攻克定西后，整个西北地区宁夏、青海都置于明军的眼前，明军可以着手扫平元朝的残余势力了。

洪武五年（1372）正月二十二，明太祖召集诸将商讨北征。以徐达为征虏大将军，动用十五万官兵，分三路大举讨伐扩廓帖木儿。由于此前已夺下定西，明朝将领冯胜所部西路军抵达兰州，连败北元兵，兰州等地北元守将相继举城投降。洪武五年六月底，李文忠所部东路军也抵达塞外，并在阿鲁温河一役中大败敌军，俘获人马数以万计。至此使元朝的残余力量遭到了毁灭性的打击，逃往草原更深处。定西一战，对决定西北的攻势具有至关重要的作用。徐达善于抓住战略要点，从而钳制了敌人。

第二十四章　深入敌后，合围夹击

将军之事，静以幽，正以治，能愚士卒之耳目，使之无知；易其事，革其谋，使人无识；易其居，迂其途，使民不得虑。帅与之期，如登高而去其梯；帅与之深入诸侯之地，而发其机。若驱群羊，驱而往，驱而来，莫知所之。聚三军之众，投之于险，此谓将军之事也。九地之变，屈伸之力，人情之理，不可不察也。

【释义】

将军主持军事行动，要做到考虑谋略沉着冷静而幽深莫测，管理部队公正严明而有条不紊。要能蒙蔽士卒的视听，使他们对于军事行动毫无所知；变更作战部署，改变原定计划，使人无法识破真相；不时变换驻地，故意迂回前进，使人无从推测意图。将帅向军队赋予作战任务，要像使其登高而抽去梯子一样；将帅率领士卒深入诸侯国土，要像弩机发出的箭一样一往无前。对待士卒要能如驱赶羊群一样，赶过去又赶过来，使他们不知道要到哪里去。集结全军，把他们置于险境，这就是统率军队的要点。九种地形的应变处置，攻防进退的利害得失，全军上下的心理状态，这些都是作为将帅不能不认真研究和周密考察的。

孙子认为，对敌发动战略进攻时必须大胆坚决地深入重地，以坚决果敢的行动迅速插入敌国腹地。为达到此目的，孙子主张大胆地进行无后方作战，在敌国土地上就地解决给养问题，以确保进攻速度。而对于统率三军的将领来说，既要大胆坚决，又要深思熟虑。必须巧妙灵活地变换战术，以雷霆之威统御部属，以铁血之剑荡平敌国。此外，孙子还以大量的篇幅阐述了"投之亡地然后存，陷之死地然后生"的战略指导思想，强调"聚三军之众，投之于险"，破釜沉舟，背水一战，激发全军必死的决心，才能取得战争的胜利。这个观点有其一定的合理性。但其中的局限性也是显而易见的，如"愚士卒之耳目，使之无知"，驾驭士卒"若驱群羊"，"犯之以事，勿告以言；犯之以利，勿告以害"等，都不无愚兵之嫌。

汉高帝二年（前205）五月，楚汉两军在荥阳（今河南荥阳）、成皋（今荥阳西北汜水镇）一线形成对峙。是时，魏王豹踞河东（今山西夏县西北）反汉。魏军西进可图关中，南下可切断关中与荥阳的联络。

为解除侧翼威胁，八月，刘邦遣韩信突袭安邑，大破魏军。鉴于黄河以北代、赵、燕三国和占有今山东大部的齐国的向背直接关系到楚汉战争全局，刘邦采纳韩信"北举燕、赵，东击齐，南绝楚之粮道，西与大王会于荥阳"，实施转入敌人侧翼和后方，战略包围的建议，在坚持对楚正面作战的同时，给韩信增兵三万，命其率军东进，开辟北方战场。

闰九月，韩信率军在阏与（今山西和顺）俘代相夏说，灭代。即以俘获之精兵，补充在荥阳对楚作战的刘邦军，支援正面战场作战。三年（前204）十月，韩信攻赵至太行山八大隘口之一的井陉口，大破赵军，生擒赵王歇。

灭赵后，韩信采纳原赵国谋臣李左车建议，休整兵马，安抚民众，摆出欲强攻燕国之势，再派使臣向燕王陈述利害，遂不战而降燕。齐王田广为阻止韩信军东进，屯兵历下（今山东济南市西）。刘邦遣郦食其游说田广，田广欲降汉，撤去历下守军。

四年十月，韩信乘齐无备，袭破历下，进占齐都临淄。田广向楚齐救，项羽以龙且率兵号称二十万救援齐国。韩信用计大败齐楚军，俘齐王田广，尽占齐地，直接威胁楚都彭城。这次战争是楚汉战争的关键一役，韩信灵活用兵，率军东向两千余里，从东、北两面绕到了楚军的侧翼和后方，完成了对楚军的战略包围。这样，既牵制、分散了楚军，又减轻了汉军正面战场压力，同时也获得了大量人力、物力资源，为刘邦获得楚汉战争胜利创造了有利条件，成为进入敌后方作战的典型战例。

第二十五章　烧敌粮草，釜底抽薪

凡火攻有五：一曰火人，二曰火积，三曰火辎，四曰火库，五曰火队。行火必有因，因必素具。发火有时，起火有日。时者，天之燥也。日者，月在箕、壁、翼、轸也。凡此四宿者，风起之日也。凡火攻，必因五火之变而应之：火发于内，则早应之于外；火发而其兵静者，待而勿攻，极其火力，可从而从之，不可从则止。火可发于外，无待于内，以时发之，火发上风，无攻下风，昼风久，夜风止。凡军必知五火之变，以数守之。

【释义】

火攻共有五种形式，一是火烧敌军人马，二是焚烧敌军粮草，三是焚烧敌军辎重，四是焚烧敌军仓库，五是火烧敌军运输设施。实施火攻必须具备条件，火攻器材必须随时准备。放火要看准天时，起火要选好日子。天时是指气候干燥，日子是指月亮行经"箕""壁""翼""轸"四个星宿位置的时候。月亮经过这四个星宿的时候，就是起风的日子。凡用火攻，必须根据五种火攻所引起的不同变化，灵活部署兵力策应：在敌营内部放火，就要及时派兵从外面策应；火已烧起而敌军依然保持镇静，就应等待，不可立即发起进攻。待火势旺盛后，再根据情况做出决定，可以进攻就进攻，不可进攻就停止。火可从外面放，这时就不必等待内应，只要适时放火就行。从上风放火时，不可从下风进攻。白天风刮久了，夜晚就容易停止。军队都必须掌握这五种火攻形式，等待条件具备时进行火攻。

在火攻中，孙子特别对发火的时日、风向、天气干燥状况做了阐述，尤其是对于借用风力来运用火攻更是用心良苦，由此可见，物候在火攻中的作用是显而易见的。

孙子把烧敌粮草作为火攻的对象之一，在战争中粮草是军队的生命线。一旦粮草枯竭，则战争不能相持，甚至不战自溃。因此，好的将领在作战中如何阻断敌军的粮道，或者毁弃敌军粮草，成为所考虑的首选。用火烧掉敌军的粮草，不失为高明之举，往往成为决定一切战役胜负的关键。

官渡之战发生在东汉末年三国鼎立局势形成之前。当时，东汉王朝已经名存实亡，各地、州豪强官吏以镇压黄巾起义为名占据地盘，扩大、发展自己的势力范围，形成了许多大大小小的割据势力。这些割据势力之间连年争战，互相兼并，全国上下出现了军阀混战局面。

当时割据集团主要有：河北的袁绍，兖豫的曹操，徐州的吕布，扬州的袁术，江东的孙策，荆州的刘表，幽州的公孙瓒，南阳的张绣，等等。在这些割据势力中，袁绍与曹操的势力较强。袁绍出身于世代官僚地主家庭，人称"四世三公"，门生故吏遍布天下，在当地影响很大。他是东汉末年官僚大地主的代表人物。至公元199年，袁绍已经占有冀州、青州、并州、幽州，是一支地广兵多、势力较强的割据力量。

曹操出身于官僚地主家庭。公元184年，他参加了镇压黄巾军起义，后升为西园新军的典军校尉。他曾经反对董卓，和袁绍联盟。在镇压黄巾起义的战斗中。曹操逐步发展了自己的武装力量，并与袁绍势力分离。至公元196年，曹操已占有了兖州、豫州地区，成为黄河以南的一支较强的割据势力。

曹操与袁绍两大割据集团，至公元199年夏，大致形成了沿黄河下游南北对立的局面。袁绍在击败了公孙瓒后，就已将整个河北地区都控制在自己的手中。为了进一步称霸中原，袁绍南下与曹操决战。当时，袁绍拥军十万，具有较强的实力；曹操不仅兵力不如袁绍众多，且南面有荆州刘表、江东的孙策与他为敌，处于不利的地位。但是曹操从客观上分析了袁绍兵多但内部不团结，而且袁绍性格疑忌，骄傲轻敌，优柔寡断，常常贻误有利战机的情况，决定以自己所能集中的近万兵力抗击袁绍的进攻。公元200年，袁、曹两军在官渡作战。在这场战斗中，曹操善于捕捉战机，能够根据战场势态的发展灵活地变换战术，以正兵抵挡袁军的进攻，以奇兵袭击袁军的屯粮库，烧毁了袁军的全部粮草，使袁军军心动摇，内部分裂，最后击败了袁军，创造了中国历史上以弱胜强的著名战例。

公元199年，袁绍谋划南下进攻曹操的统治中心许昌。袁绍手下的谋士沮授、田丰认为袁军与公孙瓒作战三年，军队疲劳，应先"务农逸民"，养精蓄锐，以增强经济与军事力量。他们主张暂时不急于攻打曹操。但是，袁绍的另外两个谋士审配、郭图则力主马上出兵攻曹。袁绍采纳了审配、郭图的意见，挑选精兵十万，战马万匹，陈兵黄河北岸，准备伺机渡河，同曹操决战。

袁绍举兵南下的消息传到许昌，曹操的谋士荀彧分析了袁绍军队的情况，认为袁军内部不团结，将帅、谋士之间矛盾重重，可以抵挡。曹操与荀彧的分析，增强了曹军战胜袁军的信心。曹操经过对敌我双方兵势情况的分析，决定采取以逸待劳、后发制人的战略方针。

他将主力调到黄河南岸的官渡,以阻挡袁军的正面进攻。同时派卫凯镇抚关中地区,以魏种守河内,防止袁绍从西路进犯;又派臧霸等率兵从徐州入青州,从东方钳制袁绍军队;派于禁屯守黄河南岸的重要渡口延津,协助扼守白马的东郡太守刘延,阻滞袁绍军渡河和长驱南下进攻。

公元199年十二月,刘备起兵反曹,占领了曹操征服吕布后占驻的徐州及下邳等地,并派关羽驻守。东海及附近郡县亦多归附刘备。

曹操为了避免两面作战,打算首先击破刘备。公元200年正月,曹操亲率精兵东击刘备,将刘备击败。当刘、曹作战时,袁绍的谋士田丰建议袁绍袭击曹军的后方。袁绍犹豫不决,没有采纳田丰的建议。因此,曹操顺利地击破了刘备,使刘备只身逃往河北投靠了袁绍。

公元200年正月,袁绍发布声讨曹操的檄文。二月,袁绍大军开进黎阳(今河南浚县东北),把这里作为指挥部,企图渡河寻求曹军主力决战。袁绍首先派大将颜良进攻白马的东郡太守刘延,夺取黄河南岸要点,以保障主力渡河。颜良率军渡过黄河,直扑白马与刘延交战。刘延在白马坚守城池,士兵伤亡严重。这时,曹操的谋士荀彧向曹操献计说:我军兵少,集结在官渡的主力也只有三四万人,要对付袁绍众多的兵力,正面交锋恐怕不易得手,应设法分散袁绍的兵力。他提议曹操引兵先到延津,佯装要渡河攻击袁绍后方,这样,袁绍必然分兵向西。然后再派轻装部队迅速袭击进攻白马的袁军,攻其不备,一定可以击败颜良。曹操采用了荀彧这一声东击西之计,袁绍果然分兵增援延津。曹操见袁绍中计,立即掉头率领轻骑,派张辽、关羽为前锋,急趋白马。曹军在距白马十余里路时,颜良才发现他们。关羽迅速地迫近颜良军,乘其不备,斩颜良于万众之中。袁军大乱,纷纷溃散。

袁绍围攻白马失败，十分恼怒。曹操解了白马之围后，便沿黄河向西撤退。袁绍率军渡河追击曹操，这时沮授又谏阻袁绍说："军事上的胜负变化应仔细观察。现在最好的办法还是驻黄河北岸，分兵进攻官渡。若能攻下，大军再过河也不为晚；如果贸然南下，万一失败就有全军覆没的危险。"袁绍骄傲自负，根本不听他的劝告。沮授见袁绍如此固执，要求辞职。袁绍不准，还把他统领的军队交给了郭图指挥。

于是，袁绍领军进至延津以南，派大将文丑与刘备率兵追击曹军。曹操命令士卒解鞍放马，又故意将辎重丢弃道旁，引诱袁军。待袁军逼近争抢辎重时，曹操才命令上马，突然发起攻击，打败了袁军，斩杀文丑，顺利地退回官渡。

白马、延津两次战斗是官渡大战的前哨战。袁军虽初战失利，但兵力仍占优势。七月，袁绍进军阳武（今河南中牟北），准备南下进攻许昌。这时沮授又劝袁绍说："我方士兵虽多，但不及曹军休养充足；曹操的粮食、物资不如我们多。速战对曹军有利而对我们不利，我们应用旷日持久的办法消耗曹军的实力。"袁绍不采纳。袁军于八月逼近官渡，双方在官渡相对峙。

曹军在官渡设防，伺机打击袁军。九月间，曹操向袁绍军发起了一次进攻，但未能取胜。此后，曹操便深沟高垒，固守阵地。袁绍见曹军坚壁不出，便命令士兵在曹军营外堆起土山，砌起高楼，用箭射击曹军。曹营士兵来往行走都得用盾牌遮蔽身体或匍匐前进。曹操发明了一种抛发石块的车子，发射石块将袁军的壁楼击毁。袁军又挖掘地道以攻曹军，曹操则命令士兵在营内挖掘长沟来截断袁军地道。这样双方之间你来我挡地相持了大约三个月。在相持的过程中，曹军产生了动摇。曹操认为自己兵力、粮食也不足，士卒极为疲劳；后方也因袁绍派刘备攻击于汝南、颍川之间而不太稳定，这样长期与袁绍周旋相当危险。他写信给留守许昌的荀彧，征求他的意见。荀彧回信建议曹操坚持下去，他指出：曹军目前处境困难，同样，袁军的力量也几乎用尽，这个时候正是战势即将发生转折的时刻，也是用奇谋之时，不能失去即将出现的战机，这时谁先退却谁便会陷入被动。曹操听取了他的意见，一方面决心坚持危局，加强防守，命负责供给粮秣的官员想法解决粮草补给问题；另一方面则积极寻求和捕捉战机，想给袁军以有力的打击。

曹操认为己方粮草枯竭，只有使敌方粮草也受到威胁，才能争取主动。因此先派人把袁绍将领韩猛督运的数千辆粮车截获烧掉了。不久，袁绍又把一万多车粮食集中在乌巢，派淳于琼等率军保护。沮授鉴于前次粮草被烧，便建议袁绍另派一支部队驻扎在淳于琼的外侧，两军互为掎角之势，防止曹军抄袭。袁绍觉得此举多余，未采纳。

元顺帝至正十六年（1356），北方军阀连年混战的同时，南方起义军得到了迅速发展，逐渐形成了各政权割据的局面。朱元璋占据集庆后改集庆为应天府，但四面受敌，东有元军扼守镇江，东南有张士诚占有平江（今江苏苏州）、常州（今江苏常州）和浙西地区，东北有地主武装青衣军张明鉴占据扬州（今属江苏），南面有元将八思尔不花驻屯徽州（今安徽歙县），西面有徐寿辉占有池州（今安徽贵池）。为解决来自诸多方面的威胁，朱元璋先后派兵攻占了镇江、广德（今安徽广德）、长兴（今浙江长兴）、江阴（今江苏江阴），使势力范围得到了扩展与巩固。而后集中力量打击孤立无援的浙东元军。为巩固占领区和继续发展壮大势力，朱元璋采纳朱升"高筑墙、广积粮、缓称王"的建策，经四五年的努力和准备便开始进行统一江南。

在这场战争中，朱元璋消灭了拥有强大水军的割据势力陈友谅，取得了大片土地。

朱元璋根据当时形势和自己处于陈友谅和张士诚两大割据势力之间的处境，制定了先西后东、先强后弱的战略方针。二十年（1360）闰五月，陈友谅杀徐寿辉，自立为帝，国号汉，改元大义。是月初五，陈友谅率十余万大军顺江而下攻应天，朱元璋采取诱敌深入之策，以伏兵击败陈友谅。

至正二十三年（1363）二月，张士诚派吕珍围攻义军小明王的最后据点安丰（今安徽寿县）。粮尽援绝，刘福通战死，安丰告急。朱元璋虑及安丰系应天（今南京）屏障，救安丰就是保应天，遂于三月率兵渡江救安丰。三战三捷，吕珍败逃。陈友谅江州兵败后，伺机攻打江西，乘朱元璋率主力往救安丰、江南空虚之机，于四月亲率主力号称六十万，水陆并进，于十一日围攻洪都（今江西南昌）。占领吉安、临江、无为州。洪都地处赣北平原，位于赣江下游，由赣江向北经鄱阳湖与长江相连，军事地位甚为重要。为了进攻洪都，陈友谅特地制造了数百艘巨舰，外饰红漆，舰高数丈，上下三层，每层都设置有上下相通的走马棚，下层设板房做掩护。有橹几十只，橹身裹以铁皮。上下层住人，互相听不见说话。据载，大的可载三千人，小的可载两千人。陈军登陆后，即对洪都发起猛攻。朱元璋军都督朱文正与参政邓愈、元帅赵德胜、指挥薛显、元帅牛海龙等诸将拒守各城门苦战。陈友谅军全力攻城，赵德胜、牛海龙等先后战死，朱元璋军伤亡惨重，但城中军民誓守洪都。洪都被围累月，与外阻绝，消息不通。六月，朱文正派千户张子明向朱元璋告急。朱元璋得报后，急命正在围攻庐州（今安徽合肥）的徐达、常遇春回师驰援，并于七月初六，亲领帐前亲军指挥使冯国胜、同知枢密院事廖永忠、俞通海等，与之会合率舟师二十万，往救洪都。七月十七日，朱元璋率军进至湖口（今江西湖口），为了把陈友谅困于鄱阳湖中，以便与之决战，朱元璋派指挥戴德率部屯于泾江口。复以另一部屯南湖嘴（今江西湖口北），切断陈友谅的归路。同时派人调信州兵守武阳渡以防陈军逃跑，朱元璋则亲率舟师由松门，进入鄱阳湖。

陈友谅已围洪都八十五天，久攻不下，士气沮丧。得知朱元璋大军来援，即于十九日撤洪都之围，东出鄱阳湖迎战，两军在康郎山（今江西鄱阳湖内康山）水域遭遇。陈军"舟大，乘上流，锋甚锐"。朱元璋告谕诸将说："两军相搏勇者胜。友谅久围洪都，今闻我师至而退兵迎战，其势必死斗，诸公当尽力，有进无退，剪灭此虏，正在今日。"诸将受命之后，均奋勇作战。陈军以巨舰列阵，迎战朱军。朱元璋对诸将说："彼巨舟首尾连接，不利进退，可破也。"于是，把水军分成十一队，每队配备大小火炮、火铳、火箭、火蒺藜、大小火枪、神机箭和弓弩等。并令各队接近敌舟时，先发火器，再射弓弩，靠近敌船时则短兵格斗。

七月二十一日，双方主力开始交战。朱元璋派徐达、常遇春、廖永忠等率军进击，一时"呼声动天地，矢锋雨集，炮声雷鞫，波涛起立，飞火照耀百里之内，水色尽赤，焚溺死者动一二万"。激战中徐达身先士卒，率部勇猛冲击，击败陈友谅前军，毙敌一千五百人，缴获巨舰一艘，军威大震。未几，俞通海乘风发炮再败陈友谅军，焚毁陈友谅战船二十余艘，陈军被杀及溺死者甚众。朱元璋军也伤亡惨重。这时，徐达的座舰起火，陈军乘机猛攻，幸赖朱元璋及时派舰支援，才将陈军击退。陈友谅骁将张定边，为扭转不利战局，率部猛攻朱元璋所乘指挥船，指挥船在规避时，忽然搁浅。陈军乘机围攻，朱军士兵竭力抵抗，陈军不能靠近。激战中朱军指挥韩成、元帅宋贵、陈兆先等相继阵亡。危急中，常遇春一箭射伤张定边，俞通海、廖永忠又以轻舟飞速来援，张定边见朱军来势凶猛，引军后退，朱元璋才得以脱险。廖永忠见张定边后退，便率轻舟追击，张定边又一次中箭受伤。战至日暮，双方鸣金收兵。

　　朱元璋初战获胜之后，恐张士诚从后面乘虚进袭，命大将徐达回应天坐镇，以防不虞。朱元璋亲自布阵，准备决战。陈友谅率全部巨舰出战，联舟布阵，旌旗楼橹，望之如山。而朱军舟小，战即倾覆，连战三日均受挫。激战中，右军被迫后退，朱元璋连杀队长十余人，仍不能止。这时，部将郭兴向朱元璋说，并非将士不用命，而是由于舟小敌不过陈军大舰，建议采用火攻。朱元璋采纳了这一建议，乃命用七艘船满载火药，扎上草人，穿上甲胄，并持兵器，由勇士驾驶，偷袭陈军。黄昏时，火船趁东北风逼近敌舰，顺风纵火，风急火烈，扑入陈军阵内，一时，烈焰飞腾，湖水尽赤，陈军死伤过半。陈军骁将、陈友谅之弟陈友仁、陈友贵及平章陈普略等均被烧死，焚陈军巨舰百艘。朱元璋又乘势挥军猛攻，毙敌两千余人。朱军也损失较众，五名将领战死。陈友谅步步进逼，四面围攻朱元璋的座舰。在此危急之时，将领韩成换上朱元璋的冠服，伪装成朱元璋，以迷惑敌军。韩成更衣后，当着陈军投水自溺。陈友谅以为朱元璋已死，便稍向后退军。朱元璋乘机换乘他舰，刚换乘完毕，他的座舰便中炮起火。

　　二十四日，陈军先头部队的战船由于机动困难，遭到朱军围攻，全部被焚。朱军俞通海、廖永忠、张兴祖、赵庸等将领乘快船六艘，突入陈军船队，陈军联巨舰迎战。这六条小船势如蛟龙，纵横驰骋，出没于陈军巨舰之间。朱军见此情景，士气大振，发起猛烈攻击。双方自清晨激战至中午，陈军终于不支，向后败退，遗弃的兵器旗鼓，浮蔽湖面。陈友谅企图退守鞋山（今江西湖口南大孤山），但出口已被朱军扼住，只得收拢部队，进行防御。当晚，朱元璋为控制长江水道，率军移驻左蠡（今江西都昌西北），陈友谅也移泊渚矶（今江西星子南）。

双方相持三日，陈军屡战屡败，形势不利。陈军左、右金吾将军见大势已去，相继投降朱元璋，陈军士气更趋低落。朱元璋乘机致书陈友谅劝降，陈友谅为泄其愤，尽杀俘虏。而朱元璋则尽放俘虏，并医伤悼死，以分化瓦解陈军士气。朱元璋判断陈友谅可能突围退入长江，乃移军湖口，在长江南北两岸设置木栅，并做火筏置于江中；又派兵夺取蕲州（治今湖北蕲春县境）、兴国，控制长江上流。经过一个多月的激战，陈军归路被切断，粮食奇缺，部队饥疲。陈友谅无计可施，便于八月二十六日率楼船百余艘，冒死突围，企图经南湖嘴进入长江，退回武昌。陈军行至湖口时，又陷入朱军的包围，朱军乘机火攻。陈军一片混乱，争先奔逃，又遭到泾江口朱军伏兵截击，陈友谅中箭死，军队溃败，平章陈荣于次日率残部五万余人投降，太尉张定边同陈友谅子陈理逃回武昌。朱元璋获得水战胜利。至正二十四年（1364）二月，朱元璋攻下武昌，陈理投降，朱元璋的势力扩大到原陈友谅所属的地区。

朱元璋与陈友谅之间的鄱阳湖战役，是朱、陈为争夺南部中国在鄱阳湖水域而进行的一次战略决战，在中国水战争史上占有重要的地位。此战前后历时三十七天，其时间之长、规模之大，投入兵力、舰只之多，战斗之激烈都是空前的。从双方兵力对比来看，陈军号称六十万，朱军仅有二十万；陈军的战船大多是新造的，形体高大，装备精良，朱军的战船主要是收编和缴获的，以小船居多，但机动灵活，进退自如。但陈友谅船队的致命弱点是机动性差，加之又联舟布阵，这就更加"不利进退"了。朱军船小，机动性好，便于灵活地打击陈军，但有仰攻困难，不耐冲击，难于正面突防等弱点。针对这一情况，朱军充分发挥火攻的作用。毁坏陈军大舰数百艘，使陈军大部就歼。成为中国水战史上以少胜多的著名战役，为其统一江南，进而建立明王朝奠定了基础。

第二十六章　利用物候，火烧连营

故以火佐攻者明，以水佐攻者强。水可以绝，不可以夺。夫战胜攻取，而不修其功者凶，命曰费留。故曰：明主虑之，良将修之。非利不动，非得不用，非危不战。主不可以怒而兴师，将不可以愠而致战；合于利而动，不合于利而止。怒可以复喜，愠可以复悦；亡国不可以复存，死者不可以复生。故明君慎之，良将警之，此安国全军之道也。

【释义】

用火来辅助军队进攻，效果显著；用水来辅助军队进攻，攻势必能加强。水可以把敌军分割隔绝，但却不能焚毁敌人的军需物资。凡打了胜仗，攻取了土地城邑，而不能巩固战果的，会很危险，这种情况叫作"费留"。所以说，明智的国君要慎重地考虑这个问题，贤良的将帅要严肃地对待这个问题。没有好处不要行动，没有取胜的把握不能用兵，不到危急关头不要开战。国君不可因一时愤怒而发动战争，将帅不可因一时的气愤而出阵求战；符合国家利益才用兵，不符合国家利益就停止。愤怒还可以重新变为欢喜，气愤也可以重新转为高兴；但是国家灭亡了就不能复存，人死了也不能再生。所以，对待

战争，明智的国君应该慎重，贤良的将帅应该警惕，这是安定国家和保全军队的基本道理。

在火攻中，孙子特别对发火的时日、风向、天气干燥状况做了阐述，尤其是对于借用风力来运用火攻更是不惜笔墨，由此可见，物候在火攻中的作用是显而易见的。

东汉末年，曹操在官渡之战中击败袁绍后，相继攻取邺城、北征乌桓胜利，一举消灭了袁绍集团的残余势力，统一了北方。接连而来的胜利，增强了曹操早日统一天下的雄心。他开始积极准备南下消灭南方的割据势力，统一全国。曹操的攻势，促成了南方割据势力孙权与刘备的联合。孙、刘联军精确地分析了曹军的兵力、作战特点及长短、战场条件等客观情况，找出了曹军不善水战的致命弱点，决定采取以长击短、以火助攻的作战方针，出其不意地以火攻击败曹军，促成了三国鼎立形势的形成，同时也创造了一个以火攻战胜强敌的典型战例。

公元208年春，曹操在邺城修建玄武池训练水军，准备向南方进军。荆州牧刘表年老多病，无所作为，只求偏安一方。其子刘琦、刘琮为争夺继承权而相互倾轧，内部不稳。在官渡之战时投奔袁绍的刘备这时又转而奔向刘表，刘表让他屯兵新野、樊城，为自己据守阻止曹军南下的门户。这时的刘备虽寄人篱下，但仍是雄心勃勃。他乘机积极扩充军队，访求人才，争取荆州地主集团的支持。当时他已经拥有了诸葛亮、关羽、张飞、赵云等谋士猛将，想在时机成熟时取代刘表。江东孙权当时占有扬州的吴郡、会稽、丹阳、庐江、豫章、九江六郡，实力较强。孙权拥有精兵十万，在周瑜、鲁肃、张昭、程普、黄盖等人的辅助下，其统治基础牢固，内部也比较团结，加上他们拥有长江天险，因此成为曹操统一天下的主要屏障。

曹操忙于消灭袁氏残余势力时，孙权的手下鲁肃便提出应乘曹操忙于北方战争的时机消灭江夏太守黄祖，占领荆州，以控制长江流域。公元203年，孙权按照鲁肃的建议，开始讨伐黄祖。黄祖退守夏口，孙权围攻不克。公元208年，孙权突破黄祖军防线，打败了黄祖，占领了江夏。这时，曹操怕孙权抢先占领荆州，遂出兵荆州。这年七月，曹操率步骑十数万大举南下。曹军一部分兵力向宛、叶进行佯动，吸引刘表军队，另一部分向新野方向出其不意直下荆、襄。八月，刘表病死，其子刘琮继位。当曹军逼境时，刘琮不战而降。

这时，刘备正在与襄阳仅一水之隔的樊城训练军队，准备应战。他听到刘琮投降的消息时，曹操的军队已到达宛城，离樊城很近了。刘备自知无法抵挡声势浩大的曹军，便率领随行人员向江陵退却。曹操怕江陵被刘备占领，便亲率轻骑五千日夜兼程猛追，一昼夜行三百余里，在当阳长坂坡追上刘备。刘备军被曹操击溃，仅同诸葛亮、张飞、赵云等几十骑向夏口方向退却，与刘表长子刘琦会合。这时，他们总共仅有一万水兵，一万步兵，退守在长江南岸的樊口。

曹操顺利地占领了江陵，除获得刘表的降兵八万外，还获得了大量的军事物资。曹操意欲顺流而下，占领整个长江以东地区。谋士贾诩建议利用荆州的丰富资源，休养军民，巩固新占地区，然后再以强大优势迫降孙权。由于一路进展顺利，曹操滋长了轻敌情绪，因此未听取贾诩的意见，坚持继续向江东进军。

曹操占领江陵后，不仅刘备感到了即将被吞没的危险，东吴的孙权也感到了战火即将烧到他的身边。局势的发展，迫使刘备、孙权都产生了联合抗曹的意向。这时，东吴派鲁肃以为刘表吊丧为名，急切地前往荆州探听虚实。鲁肃到达夏口时，听到刘琮投降、刘备南撤的消息。鲁肃在当阳会见刘备，建议刘备与孙权联合抗击曹操，刘备欣然同意，并派诸葛亮同鲁肃一起去拜见孙权。

诸葛亮见到孙权后，看出孙权对刘备的实力有所怀疑，便陈述利害，分析敌我情态。孙权听了诸葛亮的分析增强了联合抗曹的信心，决心与刘备合作，携手抗曹。

但是东吴内部在如何对敌的问题上，存在着两种不同的态度。以张昭为代表的东吴官员主张不抵抗曹军，而鲁肃等人则坚决反对投降。鲁肃劝孙权将周瑜从鄱阳召回商讨对策。周瑜赶回来后，和鲁肃一起力劝孙权坚定抗曹决心。他认为，曹操虽然统一了北方，但是他的后方局势并不稳定。现在曹操舍弃北方军队善于骑战的长处，登上战船与东吴做水上争斗，是以其短击己之长；况且现在适值隆冬，曹军必然会出现给养不足；北方士兵远涉江湖之间，水土不服，必生疾病。这些都是用兵的大忌。曹操不顾及这些不利因素，必然会导致失败。针对曹操的兵力情况，周瑜也做了分析。周瑜说："曹操号称拥有水陆兵力八十万，据我分析，曹操能从北方带来的军队不过十五六万，而且已经疲惫不堪；所得刘表的军队，最多七八万，他们心存疑惧，没有斗志。这样的军队，人数虽然多但并不可怕。"周瑜请求孙权给他精兵五万，便足以打败曹操。孙权听完周瑜对曹军兵力、作战特点、战场条件的分析，决定与刘备联合抗击曹操。孙权拨精兵三万，任命周瑜、程普为左右都督，鲁肃为赞军校尉，率领军队逆江而上，和刘备军队会合，共同抗击曹操。

夏口驻扎的刘备面对日益逼近的曹军，心中非常焦急，每天派人探听孙权军队的消息。公元208年十月的一天，他得到了孙权水军到来的报告，就急忙派人慰劳，并且亲自乘船迎接周瑜。刘、孙联军会合后，继续沿长江西上，到赤壁（今湖北嘉鱼东北）与曹军的先头部队遭遇。联军击败了曹军的先头部队，曹军退回江北的乌林与主力会合,双方在赤壁一带隔江对峙。

曹军的情况正如周瑜、诸葛亮所预料的那样,正流行着瘟疫,同时曹军多半不习水性,受不了江上风浪的颠簸。曹操针对这一情况,命令军士将战船用铁索连接在一起,在船上铺上木板,以减少船身的摇晃。这样做,船上确实平稳多了,却彼此牵制,行动不便。曹军铁索连船的弱点,被周瑜部将黄盖探知,他向周瑜建议说:"我军兵力少,不宜与曹军长期相持,必须设法破敌。现在曹军把战船首尾相接,我们可以采用火攻的方法将他们击败。"黄盖的建议使周瑜受到启发,他制订了以黄盖诈降接近曹营,然后放火奇袭曹军战船以乱曹军的作战计划。黄盖写了封降书,派人送到江北曹营。曹操接到降书后深信不疑,还与送信人约定了投降的时间与信号。公元208年十一月的一天,黄盖带领十艘大船,向北岸疾驶而去,船上装满干柴草,里面浸上油液,外面用布裹上伪装,插上约定的旗号。同时预备好快船系在大船之后,以便放火后换乘。快接近曹军水寨时,黄盖命士兵举火,并齐声呼喊:"黄盖来投降了!"曹军以为真的是黄盖来投降了,纷纷走出船舱瞭望。这时,黄盖的船只已经靠近了水寨,十艘大船的士兵同时放火,冲向曹军水寨,然后跳上小艇退出。这时正刮着猛烈的东南风,顷刻间,曹军的战船都燃烧起来。由于天气干燥,风助火威,火势一直蔓延到了岸上,曹营的官兵被这突如其来的大火烧得惊慌失措,在一片慌乱之中,曹军士兵被烧死、溺死、互相践踏致死的不计其数。孙、刘联军乘势猛杀过来,将曹军杀得人仰船翻。曹操被迫率领残兵败将从陆路经华容道向江陵方向撤退。在泥泞的道路上,曹军战马陷入泥潭之中,曹操派人到处寻找枯枝杂草垫路,才使骑兵勉强通过。孙、刘联军水陆并进实行追击,一直追到南郡(今湖北江陵境内)。曹操留曹仁、徐晃驻守江陵,乐进驻守襄阳,自率残余部队退回北方。赤壁之战以孙权、刘备联军的胜利和曹操的失败而告结束。

公元221年，刘备不顾诸葛亮、赵云等群臣劝谏，决意伐吴，命驻阆中的车骑将军张飞率部前往江州与主力会合，但不久，张飞被部将刺杀。刘备令丞相诸葛亮留守成都，上将赵云在江州为后军督都，亲统大军沿江东进。

蜀大军压境，孙权派使者与蜀国讲和遭到拒绝，乃与曹魏修盟。曹魏趁势离间孙、刘，八月，封孙权为吴王。孙权遂任命右护军、镇西将军陆逊为大都督，统率朱然、韩当、徐盛、潘璋、孙桓等部五万人抗拒蜀军，派平戎将军步骘领兵万人镇守益阳（今湖南益阳地区），以防止武陵（湘西、黔东、鄂西南）少数民族助蜀。

当蜀军四万进攻巫、秭归时，陆逊采取主动后撤，诱敌深入，集中兵力，相机破敌的方略，令部将李异、刘珂退至夷陵一带，以致蜀军在数百里峡谷山地跋涉。

刘备求胜心切，派将军吴班、陈式督率水军深入夷陵地区，封锁长江两岸。二月，亲率诸将自秭归，经崎岖山道，进至夷陵一带，坐镇猇亭督师。命黄权为镇北将军，率江北诸军进抵夷陵以北与江北吴军相拒，并监视魏军动向，以防袭击；命侍中马良部进驻武陵郡，策应反吴投蜀的少数民族首领沙摩柯部，威胁吴军侧翼。随即派前部督张南率兵围攻驻守夷道的孙桓。

吴军诸将请求陆逊派兵增援，陆逊知夷道城坚粮足，有意让其牵制蜀军，而坚持不予分兵。当蜀军频繁挑战，吴将皆急于迎击时，陆逊耐心劝止，坚守不出，以使蜀军师老疲惫。有些老将和贵族出身的将领不服约束，陆逊则绳之军纪，严加制止。刘备在山谷设伏兵一千人，令吴班平地扎营，企图诱吴军出战，被陆逊识破，未与之交战。

两军相持半年之久。时至盛夏暑热，蜀军无法急战速胜，兵疲意懈。蜀水军又奉命移驻陆上，失去水陆两军相互策应的主动权。蜀军深入敌国腹地，延绵数百里山川连营结寨，因战线过长，运转补给非常困难。

陆逊决定适时转入反攻，先以火攻蜀营，遂令诸军趁势发起进攻，刘备率军西退。张南从夷道北撤，被朱然、孙桓南北夹击，战死。陆逊命水军封锁长江，孙桓扼守夷道，将蜀军分割于大江东西，各个击破。吴军再次使用火攻，火烧连营四十余寨，蜀军自相践踏，死伤惨重，蜀将杜路、刘宁投降，都督冯习和沙摩柯均被杀。刘备败退至马鞍山，依险据守。陆逊即集中兵力，四面围攻，歼灭蜀军数万。刘备趁夜突出重围，后卫将军傅彤战死。刘备逃奔秭归，令在险道上焚烧铙铠，以阻挡吴追兵。

此时，陆逊为防曹魏乘机袭吴，仅派李异、刘珂部追踪刘备至南山（秭归南岸山），而未行大举追击。黄权部被吴军截断归路，被迫降魏。刘备收集残兵败将，退回白帝城（今重庆奉节东），于次年四月病亡。夷陵战役是中国历史上火攻的又一著名战例。吴军抵御大敌，适时改变作战部署，主帅陆逊则统观两军主客观态势，确定诱敌深入、集中兵力、后发制人、相机破敌的战略，充分利用地势及天候等有利条件，巧施火攻，一举击败兵力占有优势的蜀军，大获全胜。

第二十七章　巧借金刀，用间除之

凡兴师十万，出征千里，百姓之费，公家之奉，日费千金，内外骚动，怠于道路，不得操事者，七十万家。相守数年，以争一日之胜，而爱爵禄百金，不知敌之情者，不仁之至也，非民之将也，非主之佐也，非胜之主也。故明君贤将所以动而胜人，成功出于众者，先知也。先知者，不可取于鬼神，不可象于事，不可验于度，必取于人，知敌之情者也。故用间有五：有因间，有内间，有反间，有死间，有生间。五间俱起，莫知其道，是谓神纪，人君之宝也。乡间者，因其乡人而用之；内间者，因其官人而用之；反间者，因其敌间而用之；死间者，为诳事于外，令吾闻知之而传于敌间也；生间者，反报也。

故三军之事，莫亲于间，赏莫厚于间，事莫密于间，非圣贤不能用间，非仁义不能使间，非微妙不能得间之实。微哉微哉！无所不用间也。间事未发而先闻者，间与所告者兼死。凡军之所欲击，城之所欲攻，人之所欲杀，必先知其守将、左右、谒者、门者、舍人之姓名，令吾间必索知之。敌间之来间我者，因而利之，导而舍之，故反间可得而用也；因是而知之，故乡间、内间可得而使也；因是而知之，故死间为诳事，可使告敌；因是而知之，故生间可使如期。五间之事，主必知之，知之必在于反间，故反间不可不厚也。

【释义】

  大凡兴兵十万，征战千里，百姓的耗费，国家的开支，每天都要花费千金，前后方动乱不安，戍卒疲惫地在路上奔波，不能从事正常生产的有七十万家。这样相持数年，就是为了决胜于一旦，然而吝惜爵禄和金钱，不肯用来重用间谍，以致因为不能掌握敌情而导致失败，那就是不仁到极点了。这种人不配做军队的统帅，算不上国家的辅佐，也不是胜利的主宰。所以，明君和贤将之所以一出兵就能战胜敌人，功业超越众人，就在于能预先掌握敌情。要事先了解敌情，不可求神问鬼，也不可用相似的现象做类比推测，不可用日月星辰运行的位置去验证，一定要取之于人，从那些熟悉敌情的人的口中去获取。间谍的运用有五种，即乡间、内间、反间、死间、生间。五种间谍同时用起来，使敌人无从捉摸我用间的规律，这是使用间谍神妙莫测的方法，也正是国君克敌制胜的法宝。所谓乡间，是指利用敌人的同乡做间谍；所谓内间，就是利用敌方官吏做间谍；所谓反间，就是使敌方间谍为我所用；所谓死间，是指制造散布假情报，通过我方间谍将假情报传给敌间，诱使敌人上当，一旦真情败露，我方间谍难免一死；所谓生间，就是侦察后能活着回来报告敌情的人。

  在军队中，没有比间谍更亲近的人，没有比间谍更为优厚奖赏的，没有比间谍更为秘密的事情了。不是睿智超群的人不能使用间谍，不是仁慈慷慨的人不能指使间谍，不是谋虑精细的人不能得到间谍提供的真实情报。微妙啊、微妙！无时无处不可以使用间谍。间谍的工作还未开展，而已泄露出去的，那么间谍和了解内情的人都要处死。凡是要攻打的敌方军队，要攻占的敌方城市，要刺杀的敌方人员，都须预先了解其主管将领、左右亲信、负责传达的官员、守门官吏和门客幕僚的姓名，指令我方间谍一定要将这些情况侦察清楚。一定要搜查出敌方派来侦察我方军情的间谍，从而用重金收买他，引诱开导他，然后再放他回去，这样，反间就可以为我所用了。通过反间了解敌情，乡间、内间也就可以利用起来了。通过反间了解敌情，就能使死间传播假情报给敌人了。通过反间了解敌情，就能使生间按预定时间报告敌情了。五种间谍的使用，国君都必须了解掌握。了解情况的关键在于使用反间，所以对反间不可不给予优厚的待遇。

孙子的用间理论不仅在战争中备受尊崇，同样在政治斗争中被奉为金科玉律。掌握敌方的各种习惯、性格，以及可利用的时机，用间往往能收到出人意料的效果。

吴起原是卫国人，当时卫国式微，国君昏懦无能，于是离开卫国求学于鲁国名人曾参门下。曾参问他生平志向，他非常豪迈地说了自己的凌云壮志，建功立业的雄心。一心崇尚礼仪教化的曾参为此对他不太喜欢。在曾参的学生中吴起才华出众，远超同辈。曾子的学生们非常嫉妒他，在曾子面前说吴起当初离家求学的时候，他母亲苦留，涕泪俱下，他却走得义无反顾。还许下宏愿，生平不做到卿相，就绝不踏入家门半步。他母亲去世，他却行止如常，谈笑风生，连一丝回家探望的意思都没有。曾参是事母至孝而名动天下的大孝子，曾子听说吴起如此不孝，便将吴起赶走。离开老师，吴起就近投靠了鲁国。在鲁国吴起杀妻求将，背上恶名转而投奔魏国。

魏文侯是历史上非常贤明的君主，一心想有一番作为。可是魏国其时被西邻虎狼之国秦国遏止，无法发展。听说吴起千里来投，火速擢拔他为大将。吴起很快为魏国攻城略地，进行了多次战争，一连攻占秦国五座城池，兵悍将勇甲于天下的秦军对他也无可奈何。吴起爱兵如子，在西河之地驻守的时候，和士兵们同甘共苦，吃睡常在一起，一次一个小兵背上长疮，他竟然亲自俯身下去帮他口吸脓血，旁边的士兵都感动得说不出话来，因此作战勇敢。

魏文侯去世，魏武侯继位，此时的吴起以镇守西河数十年使强秦未能前进一步而名震天下。魏国的贵族非常嫉妒吴起的才华和功劳。宰相公叔担心吴起威胁到自己的地位，可是武侯却对吴起信赖有加，并且想把自己的女儿嫁给吴起。正好公叔也是驸马，他怕吴起使自己的地位不保。于是公叔便离间吴起与魏武侯。一次他在魏王面前说，吴起此人反复无常，不知他到底对魏国的忠心如何，不妨试他一试。武侯也一直有些隐忧，忙问如何试。公叔进言，您不是打算把女儿嫁给他吗，明天召他进宫，直接问他愿不愿意做我们魏国的驸马。吴起此人向来趋炎附势，如果他对魏国真心的话，肯定满口答应；如果他借口推辞，那就明摆着是有二心。武侯认可。

当晚公叔请吴起到自己府上做客。吴起非常高兴地坐在席间，却愕然发现作为相国的公叔居然恭敬地站在一旁，不停地端酒上菜，亲自服侍公主夫人，其奴颜卑膝甚至还不如仆人，不由得大吃一惊。散席后公叔拉着吴起入内室，向他大吐苦水，极言驸马生涯的辛酸苦辣，吴起感慨良久，好言相慰。很显然，这是公叔和公主联手演的戏。第二日，魏武侯问他是否有意迎娶公主，吴起婉言谢绝。魏武侯马上生嫌，认为相国公叔所说为真，吴起不可信任。吴起察言观色，明白自己已经无法在魏国立足，只得离魏出逃。由此反间计一旦被掌握，便可以除掉祸害天下的大敌，保全国家。当然，反间计被小人所利用，就会祸国殃民，也会使那些身负壮志的人不能实现自己的愿望。

东晋名臣温峤才智卓越，当时东晋政权被大族王氏把持，时称

"王与马共天下"。王导、陶侃等中兴能臣对羸弱的朝廷均不甚尊敬，但温峤对朝廷却是忠心耿耿。

当时权臣王敦骄横跋扈，不把朝廷放在眼里，当然温峤成了他的眼中钉。温峤几次婉言相谏，王敦全然不理，于是温峤知王敦日后必反，干脆一反常态，对王敦极尽恭维之能事，又加入他的阵营为其出谋划策，共同对付朝廷。王敦本人志大才疏，又全无识人之能。但是，王敦心腹钱凤却极富韬略。温峤投钱凤所好，着意与之结交，可是钱凤非等闲之辈，表面上和他亲热无间，内心却着实戒备。温峤深知自己瞒不过钱凤，但也无可奈何。

王敦谋反已是人人皆知，温峤心急如焚，但找不到合适的借口脱身向朝廷密报。正好丹阳太守出缺，这个关键的职位，非得要心腹人士担任不可。王敦向温峤请教谁适合任此要职。温峤以退为进，向他推荐钱凤。王敦又把钱凤找来，当面询问他的意见。钱凤无法犯颜，反而推荐温峤。这时温峤故意推之再三，王敦却当场拍板，指定温峤担当此职。

温峤大喜，但还是对钱凤不放心，他估计走后钱凤会向王敦密告，如果除掉钱凤就等于砍掉了王敦的左膀右臂。在他出行前夜的送别宴会上，温峤离开自己的坐席走到每位客人的身边端酒以敬。当他走到钱凤身边的时候，还没等他喝，温峤就突然把他的酒杯打翻，醉态十足地骂道："钱凤何等人，吾温峤看来不过小儿。"钱凤以为他喝醉了，并不在意，但宴会还是不欢而散。

温峤脱身以后，钱凤果然向王敦告密，说温峤历来是朝廷的人，他投靠我们必有二心。但是温峤已经棋先一着了，当初宴会的情况王敦是看在眼里的。王敦一直认为钱凤和温峤是知交好友，甚至还相互极力推荐过。只不过是因为温峤临走之前喝醉了酒不小心得罪了他，钱凤就挟私报复，气度实在太小了。于是他不仅不听从钱凤的谏言，并且对他的人品产生了怀疑。因此逐渐对钱凤疏远，不再信任，最终不用。王敦麾下以钱凤最有谋略，被温峤离间后最终未能展示其才。王敦在后来的谋反中也因目光短浅，乏于谋略而失败。

王猛为前秦宰相，其人聪明绝伦，才华出众，颇有政治眼光，善于治国，是当时的优秀政治家。时人作诗称"关中良相唯王猛，天下苍生望谢安"。在他的一生中除了非常的政治措施外，就是著名的金刀计。

王猛被前秦皇帝苻坚重用，在关中时担任丞相。当时天下类似三国时期，潼关以东是慕容氏的燕国，长江流域（包括荆州、益州、扬州等地）是东晋的统治区。苻坚视王猛为自己的诸葛亮，王猛也以诸葛亮自居。王猛的施政方略与诸葛亮治蜀时非常相似，猛柔并用，打击豪强，安抚百姓，整顿社会治安，因此使关中获得了稳定。在他的辅佐下，前秦攻灭了慕容氏的燕国，统一了整个北方。

东晋当时的政治被枭雄桓温把持，桓温企图北伐，消灭燕国。结果在战争中不可一世的桓温被年轻的慕容垂率领骑兵打得大败而归，桓温赖以起家的精兵损失殆尽。北方燕国的慕容氏族人非常佩服慕容垂的英雄气概，结果为太傅慕容评和太后可足浑氏所忌惮。二人为了把持朝政，联合起来打击慕容垂，手法狠毒，用巫蛊案处死了他深爱的王妃段氏。慕容垂忍无可忍，终于率领全家离开燕国，投奔关中苻坚。

苻坚在中国历史上诸多皇帝中，以心胸宽广而著名。对于悍勇出名的慕容垂举家来投，高兴得倒履相迎。苻坚的这般盛情，令慕容垂非常感动，但是王猛却看出了慕容垂胸怀大志，并非能够久居他人之下之辈，因此准备除掉慕容垂。但是苻坚此刻被慕容垂的假象所蒙蔽，慕容垂本人精明又干练，除掉他谈何容易。

王猛唯一可利用的就是慕容垂新附，他的家族人心尚不稳。于是在他率军征伐燕国的时候，向苻坚请求以慕容垂骁勇悍武的长子慕容令出任参军。出发的前一夜，慕容垂设宴饯行，企望王猛在军中多照顾慕容令。王猛和他一起喝酒谈心，席间喝到酣处便激动起来，拉着慕容垂的手要和他结拜兄弟。于是二人指天画地，约为兄弟。王猛顺势说，"我此次远走，兄弟却无什么东西可以睹物思人，未免遗憾"，并送给慕容垂自己生平最爱的一方镇纸以兹纪念。慕容垂未加多想，便解下自己的佩刀送给王猛。

得了这柄金刀，王猛准备以此使用离间计。在大军开拔到洛阳的时候，王猛召来了帐下一个叫金熙的小卒，重金收买，让他跑到慕容令的帐中出示金刀，并假传他父亲的话说："你我父子之所以投奔秦国，无非是避祸而已。如今王猛心胸狭隘，数次想排挤我们，而苻坚表面上对我们礼让有加，但其心实在难测。估计我们父子仍然难免一死，古人尚云，狐死首丘，况且最近听说燕国皇帝于我们走后颇有悔意。我现在已经在逃亡的路上了，你不走更待何时？事起仓促，来不及写信，特派人传口信，以金刀为证。"慕容令听后，又惊又疑，慕容垂赠王猛金刀的事情他并不知晓，而父亲企图二次叛逃也丝毫没有征兆，但来传话的金熙确实曾经在慕容垂府中做事，又有金刀为证，言之凿凿，不由得不信。

王猛等他一逃，马上急表上告朝廷。慕容垂闻讯，当真是祸从天降，连辩解也不敢辩解，仓促出逃，结果在蓝田被追兵赶上，押回长安。慕容垂自忖必死，可是苻坚却赦免了慕容垂，安慰道：你儿子心存故国，本身就无可厚非，我只是为他遗憾而已，更不会牵连到你。慕容垂虽躲过了这一劫，却失去了他勇武的儿子慕容令。慕容令跑到燕国境内，却发现父亲根本没来，自己反而被燕国捉拿，流放到遥远的沙城，后被杀。

王猛此计虽然最终未能除掉慕容垂，却除掉了慕容垂的得力助手慕容令，等于削去了慕容垂的臂膀，扼制了他在前秦政权内的势力。不出王猛所料，淝水之战苻坚失败后，率先背叛前秦逃回北方的就是慕容垂，可惜当时王猛已经去世。

孙子说："故三军之事，莫亲于间，赏莫厚于间，事莫密于间，非圣智不能用间，非仁义不能使间，非微妙不能得间之实。"孙子极力推崇用间，把其重要性放到了非常高的位置。在战场上，通常将领的优秀程度成为制胜的关键因素之一，因此如何造成敌方将领之间的不团结，或者国君对将帅的不信任，甚至除掉敌方将帅成为取胜的考虑因素，用间就成为最好的选择。

公元前266年，范雎代魏冉为秦相后，实行其"远交近攻"战略，力主先攻韩国。自公元前264年始，连年向韩进攻。先是攻占南阳，又攻占野王（今河南沁阳），切断韩国本土与上党郡之间的联系，韩桓惠王被迫献上党以求和。上党位于太行山西侧，秦得此郡，在战略上可形成夹击赵国的有利态势。但郡守冯亭不肯降秦，并将该郡十七县献赵，想以此使赵韩联合共同抗秦。秦昭襄王派一部兵力攻韩缑氏（今河南偃师东南），牵制韩军，使其无力援赵；同时命左庶长王龁率主力攻取上党。赵孝成王命廉颇为将率军增援，进至长平，与上党败退至此的大军会合。赵前锋与秦先遣部队初战失利。秦军发起进攻，先攻下两障城、俘四尉。又攻破西垒壁、俘二尉。

廉颇鉴于连战失利，遂采取筑坚壁固守、伺机反击的防御战略。秦军出国远征，利于速战，时间持久则粮草补给困难。范雎经过权衡利弊，和秦王商议，决定使用离间之计，命人到赵国制造流言，说廉颇并不是秦国畏惧的，即将降秦，秦唯惧赵奢之子赵括为将。同时盛待赵王所派求和使者，使各国诸侯误认秦、赵已和，动摇齐、楚救赵决心；并暗割垣雍（今河南原阳西）与魏，诱其不援赵国。赵孝成王本已疑心廉颇怯战，闻流言后，拒绝了蔺相如及赵括之母所提赵括不适于统兵的谏言，改令赵括代廉颇为将。秦王得知赵军易将，即任白起为大将军，至长平指挥作战。赵括遵照赵王意图，急于求胜，变更了廉颇的防御部署及规定，更换将领，组织进攻。白起针对赵括骄傲轻敌的弱点，采取了佯败后退、诱敌脱离坚壁深垒，然后分割包围，予以歼灭的作战方针。赵军进攻，白起命秦军败退。赵括不知虚实，小胜之后，误认秦军战斗力不过如此，遂亲率主力发动总攻。赵军进至秦军营垒时，被阻于坚壁之前。赵军多次攻击，均未奏效。白起即指挥预先部署于两翼的骑兵，迂回至赵军背后，切断其退路；同时另以五千精锐骑兵，插入赵军，断其联络。赵军被分割为无法策应的两部分。赵括所率主力，处于进退两难的境地。秦又派出骑兵猛攻。赵军作战不利，被迫就地筑垒防御，等待援军。秦王自河内征发十五岁以上所有男丁，增援长平，阻绝赵国援军和粮食。赵括部已绝粮多日，发展至互相杀食的惨境。赵括组织士卒多次突围，均被秦军击退，便亲率精兵突围，被乱箭射死。赵军主将阵亡，又内无粮草，外无救兵，完全丧失斗志，四十万军队投降秦军。白起遂以欺诈手段，将其坑杀，秦军共歼灭赵军四十五万。这次战役，消耗了赵国的军事实力，赵国从此再无力与秦国争锋，离间的作用不可谓不大！

公元前 204 年，刘邦被项羽包围在荥阳城中已达一年之久，汉军的外援和粮草通道也被断绝了。刘邦内外交困，计无所出，向陈平请教对策。

陈平献计道："项羽为人猜忌信谗，他所依靠的不过是亚父范增、钟离眛、龙且等人。而且每到赏赐功臣时，他又吝啬爵位和封邑，因此士人多不愿意为他卖命。大王如能舍得几万金，离间其君臣关系，使之上下疑心，引起内讧，到那时我军乘机反攻，定能击败楚军。"

刘邦慨然交给陈平四万金。陈平用重金收买楚军中的将士，让他们散布流言："钟离眛、龙且、周殷等将领功绩卓著，却不能封王，他们将要与汉王联合……"

谣言传到钟离眛等人耳中，令他们啼笑皆非。谣言传到项羽耳中，项羽果然起了疑心，与钟离眛等人渐渐疏远，甚至对亚父范增也怀疑起来。适逢刘邦派使者与项羽讲和，项羽便派使者回访，企图探察谣言的真伪。

陈平听说项羽的使者到了，正中下怀，立刻指使侍从摆起上等的餐具和十分丰盛的食品。待一见楚使之后，又佯装惊讶，低声嘀咕道："原以为是亚父的使者，原来是项王使者！"于是匆忙把珍馐佳肴撤去，又换上劣等食物及餐具。楚使受此大辱，回去后一五一十地报告给了项羽，项羽的疑心大增。

范增不知道项羽对他已失去信任，几次三番地劝项羽速取荥阳，否则会夜长梦多，又生他变。项羽故意冷落范增，不理睬范增。范增对项羽忠心耿耿，见项羽竟然疑心自己，气愤地要退归乡里！而项羽居然答应他的要求。范增归乡途中，背生痈疽，未等回到彭城，一病不起，抑郁死去。之后，刘邦击败项羽，建立了汉王朝。陈平通过破坏楚军的团结，使项羽君臣嫌隙，将帅离心，导致了项羽的孤立，从而为分化瓦解、克敌制胜创造了条件。

赵匡胤陈桥兵变，黄袍加身，建立大宋王朝，又以赵普之计，杯酒释兵权，稳固了统治。于是开始了统一战争。在灭掉南汉以后，他把目标转向南唐。南唐后主李煜不事朝政，他的才智都用于诗词歌舞，整天沉溺酒色。听说宋灭了南汉，他非常恐慌，连忙派人上表宋朝廷，表示愿意去掉国号称江南国主。赵匡胤暂时接受了李煜的条件，但仍准备灭掉南唐。但是南唐江都留守林仁肇勇猛无敌，且善于治军，是宋灭南唐的一大障碍。公元972年，李煜派其弟李从善前来朝贡，赵匡胤于是要用计除去林仁肇。赵匡胤待李从善来后当即热情款待，并任命他为泰宁军节度使。李从善不敢违命，只得报告李煜。李煜也不知赵匡胤的真实意图，正好可以通过李从善探听宋廷的虚实。李从善经常派人去江南联系。宋太祖派使者到林仁肇管辖地区，用钱财贿赂了林仁肇的下属，请求他找一张林仁肇的画像，下属官员窃取了一张林仁肇的画像交给了使者。使者拿着画像回来复命，赵匡胤把像挂在侧室，并找机会让李从善前来。一天，李从善听诏令来见宋太祖，廷臣把他领到侧室，他一眼就看到林仁肇的画像，便问侍臣林仁肇的画像怎么会挂在这里？侍臣支支吾吾，欲言又止，半天才说：太祖爱惜林仁肇的才干，下诏书让他来京城，他已经答应投降，先送来画像做承诺。说完指着附近一座华美富丽的房屋，告诉他这是赵匡胤准备把这所宅子赏赐给他。等他到京城，还要封他为节度使呢！李从善听后，立刻派人回江南报告给李煜。李煜未加确定消息真伪，就马上派人召来林仁肇，问他是不是已经投降宋朝了。林仁肇坚决否认。李煜不信，怀疑林仁肇有二心，在设宴招待林仁肇时，让人在酒里下了毒药。林仁肇喝了下去，回到家中，毒性发作，七窍流血而死。林仁肇一死，南唐如失长城，朝中再无人能敌宋军。公元975年，宋军攻破金陵，李煜出降，南唐灭亡。